LAROUSSE
Cuisine & Cie

SOUPES VARIÉES

& petites entrées

Édition originale
Cet ouvrage a été publié pour la première fois en 2010
sous le titre *Goodfood 101 Soups & Sides* par BBC Books,
une marque de Ebury Publishing,
un département de The Random House Group Ltd.

Photographies © BBC Magazines 2010
Recettes © BBC Magazines 2010
Maquette © Woodlands Books 2010
Toutes les recettes de ce livre ont été publiées
pour la première fois dans BBC Good Food magazine.

Édition française
Direction éditoriale Delphine BLÉTRY
Édition Julie TALLET
Traduction Hélène NICOLAS
Direction artistique Emmanuel CHASPOUL
Réalisation Belle Page, Boulogne
Couverture Véronique LAPORTE
Fabrication Annie BOTREL

ISBN : 978-2-03-586533-5
ISSN : 2100-3343

SOUPES VARIÉES

& petites entrées

Sharon Brown

LAROUSSE

21 rue du Montparnasse 75283 Paris Cedex 06

Sommaire

Introduction

Une soupe délicieuse peut aussi bien servir d'entrée
que de repas complet ou de plat à emporter dans une Thermos®.
Quel meilleur moyen pour se réchauffer et se remonter le moral
que de déguster un bon bol de soupe chaude quand il fait froid?

Les soupes sont faciles à préparer. Il suffit généralement
de hacher des légumes, de les faire mijoter dans du bouillon,
puis de les mixer. Riches en protéines et en vitamines,
elles contribuent à consommer les cinq fruits et légumes
recommandés par jour par les nutritionnistes et permettent
de faire manger des légumes aux enfants.

La soupe est aussi un plat économique, car elle se cuisine
de préférence avec des produits locaux et de saison,
achetés lorsque leurs prix sont au plus bas. Sans oublier
que vous pouvez également utiliser les légumes un peu vieux
pour éviter de les perdre.

Ce livre propose également des accompagnements aussi délicieux
seuls qu'avec une soupe. Vous y découvrirez des recettes simples
de pains et d'en-cas savoureux.

Chacune des recettes qui suit a été testée trois fois par une équipe
de spécialistes afin de vous garantir un excellent résultat
dès le premier essai.

À propos des recettes

• Lavez tous les produits frais avant préparation.

• On trouve dans le commerce des petits œufs (de moins de 45 g), des œufs moyens (de 45 à 55 g), des gros œufs (de 55 à 65 g) et des extra-gros (de plus de 65 g). Sauf indication contraire, les œufs utilisés pour les recettes sont de calibre moyen.

• Sauf indication contraire, les cuillerées sont rases.
   1 cuillerée à café = 0,5 cl
   1 cuillerée à soupe = 1,5 cl

• Toutes les recettes réalisées avec des légumes en conserve peuvent, bien sûr, se cuisiner avec des légumes frais, et inversement. De la même manière, il est possible d'utiliser des cubes pour les bouillons de légumes ou de volaille ou de les préparer vous-même, si vous en avez le temps.

TABLEAU INDICATIF DE CUISSON

THERMOSTAT	TEMPÉRATURE
1	30 °C
2	60 °C
3	90 °C
4	120 °C
5	150 °C
6	180 °C
7	210 °C
8	240 °C
9	270 °C
10	300 °C

Ces indications sont valables pour un four électrique traditionnel.
Pour les autres fours, reportez-vous à la notice du fabricant.

TABLEAUX DES ÉQUIVALENCES FRANCE – CANADA

POIDS

55 g	2 onces
100 g	3,5 onces
150 g	5 onces
200 g	7 onces
250 g	9 onces
300 g	11 onces
500 g	18 onces
750 g	27 onces
1 kg	36 onces

Ces équivalences permettent de calculer le poids
à quelques grammes près (en réalité, 1 once = 28 g).

CAPACITÉS

25 cl	9 onces
50 cl	17 onces
75 cl	26 onces
1 l	35 onces

Pour faciliter la mesure des capacités,
25 cl équivalent ici à 9 onces (en réalité, 23 cl = 8 onces = 1 tasse).

Le haddock est de l'églefin fumé à basse température.
Dans les pays anglo-saxons, il est souvent servi poché dans du lait,
notamment au petit-déjeuner.

Soupe de haddock fumé

Pour 2 personnes
Préparation et cuisson : 30 min

- 1 oignon
- 2 pommes de terre
- 50 cl de bouillon de légumes
- 420 g de maïs
- 1 l d'eau
- sucre en poudre
- fécule de maïs
- 2 filets de haddock fumé sans la peau de 100 g chacun
- 4 cuill. à soupe de lait

POUR SERVIR
- 1 cuill. à soupe de persil ciselé

1   Pelez l'oignon et hachez-le. Lavez les pommes de terre, puis tranchez-les. Réunissez le tout dans une sauteuse avec le bouillon de légumes et laissez mijoter de 6 à 8 minutes.

2   Pendant ce temps, réunissez le maïs et l'eau dans une casserole, puis portez à ébullition. Ajoutez du sucre en fonction de votre goût, de la fécule de maïs selon la texture souhaitée et laissez bouillir de 5 à 7 minutes.

3   Coupez le haddock en gros morceaux, puis ajoutez-les dans la sauteuse avec le maïs en crème et le lait. Laissez mijoter de 5 à 7 minutes. Répartissez la soupe dans deux bols. Parsemez de persil ciselé, puis servez.

* Par portion : 555 Calories – Protéines : 37 g – Glucides : 84 g – Lipides : 10 g (dont 3 g de graisses saturées) – Fibres : 7 g – Sel : 0,3 g – Pas de sucres ajoutés.

Adaptez cette recette à la saison. Par exemple, au printemps, remplacez les petits pois et le cresson par des oignons nouveaux, de la roquette et de l'oseille.

Velouté de petits pois au cresson

Pour 4 personnes
Préparation et cuisson : 20 min

- 1 oignon
- 1 gousse d'ail
- 1 pomme de terre
- 1 cuill. à soupe d'huile d'olive
- 50 cl de bouillon de légumes
- 50 cl d'eau
- 300 g de petits pois
- 100 g de cresson
- 1 petite poignée de menthe
- 10 cl de crème fraîche épaisse
- sel et poivre du moulin

POUR SERVIR
- quelques feuilles de menthe

1   Pelez l'oignon et l'ail, puis hachez le tout. Pelez la pomme de terre et coupez-la en petits morceaux. Mettez l'huile à chauffer dans une grande casserole, puis faites frire l'oignon et l'ail à feu doux pendant 5 minutes. Ajoutez la pomme de terre, le bouillon de légumes, l'eau, et laissez mijoter 7 minutes.

2   Incorporez les petits pois et le cresson à la préparation, puis laissez mijoter 3 minutes à couvert. Effeuillez la menthe au-dessus de la casserole et mixez le tout jusqu'à l'obtention d'une soupe lisse.

3   Ajoutez la crème fraîche à la préparation, puis assaisonnez selon votre goût et mélangez bien le tout. Répartissez la soupe dans des bols. Ciselez quelques feuilles de menthe au-dessus des bols, poivrez et servez.

⚬ Par portion : 256 Calories – Protéines : 8 g – Glucides : 17 g – Lipides : 18 g (dont 8 g de graisses saturées) – Fibres : 5 g – Sel : 0,21 g – Sucres ajoutés : 5 g.

La patate douce se prépare comme la pomme de terre mais son goût est beaucoup plus sucré. On l'utilise d'ailleurs aussi pour cuisiner des desserts.

Soupe de patate douce aux pois chiches

Pour 2 personnes

Préparation et cuisson : 30 min

- 1 oignon
- 2 gousses d'ail
- 1 patate douce
- 1 cuill. à soupe d'huile d'olive
- 1 cuill. à café de cumin en poudre
- 1 cuill. à café de coriandre en poudre
- 60 cl de bouillon de légumes
- 220 g de pois chiches en conserve
- 1 cuill. à soupe de crème aigre (ou crème fraîche additionnée de quelques gouttes de jus de citron)
- 3 cuill. à soupe de lait

1   Pelez l'oignon et l'ail, puis émincez le tout. Épluchez la patate douce et coupez-la en dés de 1 cm de côté. Mettez l'huile à chauffer dans une casserole et faites revenir l'oignon pendant 3 minutes. Ajoutez l'ail, puis prolongez la cuisson de 3 minutes. Saupoudrez de cumin et de coriandre et laissez cuire 1 minute.

2   Incorporez les dés de patate douce à la préparation et faites-les revenir 2 minutes. Réchauffez le bouillon de légumes dans une autre casserole, puis versez-le sur les dés de patate douce et laissez bouillir le tout 10 minutes. Égouttez les pois chiches, rincez-les, puis incorporez-les à la préparation et faites chauffer l'ensemble. Mixez jusqu'à l'obtention d'une soupe lisse. Incorporez la crème aigre et le lait à la préparation, puis servez.

◦ Par portion : 287 Calories – Protéines : 10 g – Glucides : 40 g – Lipides : 11 g (dont 2 g de graisses saturées) – Fibres : 7 g – Sel : 0,89 g – Sucres ajoutés : 12 g.

Le curry laksa, souvent simplement appelé laksa,
est une soupe au curry à base de lait de coco
originaire de Malaisie.

Laksa aux crevettes

Pour 1 personne
Préparation et cuisson : 18 min

- 1 gousse d'ail
- 1 piment vert
- 1 oignon nouveau
- 2 cuill. à café d'huile végétale
- 2 cuill. à café de gingembre haché
- le jus de 1/2 citron vert
- 100 g de crevettes crues décortiquées
- 15 cl de lait de coco en conserve
- 10 cl de bouillon de volaille
  ou de légumes
- 100 g de nouilles chinoises aux œufs
- sel et poivre du moulin

POUR SERVIR
- 1 cuill. à soupe de coriandre ciselée

1   Pelez l'ail, épépinez le piment, puis hachez le tout avec l'oignon. Mettez l'huile à chauffer dans une grande casserole ou un wok. Faites revenir l'ail, le piment, l'oignon et le gingembre à feu moyen pendant 3 ou 4 minutes, puis arrosez de jus de citron vert.

2   Incorporez les crevettes à la préparation, versez le lait de coco et le bouillon dans la casserole, puis laissez mijoter 5 minutes à feu doux.

3   Pendant ce temps, portez une casserole d'eau salée à ébullition. Faites cuire les nouilles dans l'eau bouillante pendant 4 minutes, puis égouttez-les et incorporez-les à la soupe. Assaisonnez selon votre goût et versez le laksa dans un bol. Parsemez de coriandre, puis servez.

• Par portion : 823 Calories – Protéines : 33 g – Glucides : 79 g – Lipides : 44 g (dont 25 g de graisses saturées) – Fibres : 3 g – Sel : 2,19 g – Sucres ajoutés : 7 g.

La tomate de Marmande est côtelée et aplatie. Elle est principalement cultivée dans le Lot-et-Garonne et dans les Bouches-du-Rhône. On la trouve sur les marchés au mois d'août.

Soupe de haricots à la tomate et à l'avocat

Pour 4 personnes
Préparation et cuisson : 30 min

- 1 oignon
- 1 gousse d'ail
- 1 cuill. à soupe d'huile d'olive
- 400 g de haricots blancs cuisinés à la sauce au piment (au rayon «produits du monde» des grandes surfaces)
- 30 cl de bouillon de légumes
- 200 g de tomates concassées en conserve
- 1 pincée de piment séché
- 20 cl de crème fraîche épaisse
- sel et poivre du moulin

POUR LA GARNITURE À L'AVOCAT
- 1 avocat mûr
- 1 tomate de Marmande
- 1 oignon rouge
- 15 g de coriandre

1   Pelez l'oignon et l'ail, puis hachez le tout. Mettez l'huile à chauffer dans une sauteuse. Faites frire l'ail et l'oignon pendant 2 ou 3 minutes. Ajoutez les haricots, le bouillon, les tomates concassées et le piment, puis portez à ébullition. Laissez mijoter 2 ou 3 minutes et arrêtez le feu.

2   Pendant ce temps, préparez la garniture à l'avocat. Coupez l'avocat et la tomate en deux. Épépinez la tomate et dénoyautez l'avocat, puis détaillez leur chair en petits dés. Pelez l'oignon et hachez-le. Réservez quelques feuilles de coriandre, puis ciselez le reste. Dans un petit saladier, mélangez la coriandre ciselée avec l'avocat, la tomate, l'oignon, du sel et du poivre.

3   Mixez les ingrédients de la sauteuse dans un robot jusqu'à l'obtention d'un potage onctueux, puis réchauffez-le dans la sauteuse. Incorporez les deux tiers de la crème fraîche et réchauffez à feu doux en remuant constamment. Versez la soupe dans quatre bols. Ajoutez le reste de la crème fraîche, la garniture à l'avocat et les feuilles de coriandre réservées, puis servez.

○ Par portion : 341 Calories – Protéines : 11 g – Glucides : 27 g – Lipides : 22 g (dont 8 g de graisses saturées) – Fibres : 9 g – Sel : 1,39 g – Pas de sucres ajoutés.

Cette recette peut se préparer
avec des nouilles de riz ou aux œufs.

Soupe de nouilles épicée aux champignons

Pour 4 personnes
Préparation et cuisson : 15 min

• 100 g de nouilles de riz larges
• 1 cuill. à soupe de pâte de curry rouge
• 40 cl de lait de coco en conserve
• 15 cl d'eau
• 100 g de champignons mélangés
• 1 gros piment vert
• 1/2 botte d'oignons nouveaux
• 100 g de germes de soja

1   Portez une casserole d'eau à ébullition.
Disposez les nouilles dans un saladier et arrosez-les
d'eau bouillante. Laissez-les tremper pendant
4 minutes, puis égouttez-les. Mettez une casserole
à chauffer, puis faites frire la pâte de curry pendant
1 minute. Ajoutez le lait de coco et l'eau. Portez
le tout à ébullition, puis laissez mijoter 5 minutes.

2   Ajoutez les champignons et prolongez
la cuisson de 2 minutes. Pendant ce temps,
coupez le piment en rondelles, puis hachez
les oignons. Incorporez les nouilles, les germes
de soja, les trois quarts du piment et des oignons
à la préparation. Réchauffez pendant 1 minute,
puis répartissez la soupe dans des bols. Parsemez
du reste de piment et d'oignon, puis servez.

• Par portion : 226 Calories – Protéines : 4 g –
Glucides : 15 g – Lipides : 17 g (dont 14 g de graisses
saturées) – Fibres : 1 g – Sel : 0,45 g – Sucres ajoutés : 4 g.

Cette soupe légère est parfumée à l'aide d'une pointe
'e pâte de curry thaï. Servez-la avec des mini-naan chauds
pour un accord parfait.

Potage à la patate douce

Pour 4 personnes
Préparation et cuisson : 20 min

- 1 oignon
- 750 g de patates douces
- 1 cuill. à soupe d'huile végétale
- 1 ou 2 cuill. à café de pâte de curry rouge ou vert
- 1 l de bouillon de légumes
- 4 cuill. à soupe de lait de coco allégé
- sel et poivre du moulin

POUR SERVIR
- quelques feuilles de coriandre
- *mini-naan* (pains indiens)

1   Pelez l'oignon, puis hachez-le. Nettoyez les patates douces et râpez-les. Mettez l'huile à chauffer dans une sauteuse, puis faites revenir l'oignon pendant 4 ou 5 minutes. Incorporez la pâte de curry aux oignons et laissez cuire 1 minute. Ajoutez les patates douces et le bouillon dans la sauteuse, portez à ébullition, puis laissez mijoter 5 minutes.

2   Ôtez du feu. Versez le lait de coco dans la sauteuse. Assaisonnez et mélangez le tout. Laissez refroidir un peu, puis mixez jusqu'à l'obtention d'une soupe lisse. Répartissez la préparation dans des assiettes creuses. Parsemez de feuilles de coriandre et servez avec des mini-naan chauds.

* Par portion : 240 Calories – Protéines : 4 g – Glucides : 45 g – Lipides : 6 g (dont 3 g de graisses saturées) – Fibres : 6 g – Sel : 0,56 g – Sucres ajoutés : 15 g.

Pelez les asperges avec un couteau Économe de la pointe vers le pied.
Peu nourrissante, l'asperge est néanmoins riche en vitamines A et C.

Consommé d'asperge

Pour 4 personnes
Préparation et cuisson : 30 min

- 2 échalotes
- 700 g d'asperges
- 25 g de beurre
- 85 cl de bouillon de volaille
- sel et poivre du moulin

POUR SERVIR
- 1 filet d'huile d'olive

1 Pelez les échalotes, puis émincez-les. Préparez les asperges, hachez leurs tiges et réservez leurs pointes. Mettez le beurre à fondre dans une casserole, puis faites cuire les échalotes et les tiges des asperges à feu moyen pendant 5 minutes. Baissez le feu et prolongez la cuisson de 5 minutes en remuant fréquemment. Ajoutez le bouillon de volaille, puis portez à petite ébullition et laissez mijoter 5 minutes. Ôtez du feu et laissez refroidir.

2 Mixez la préparation dans un robot jusqu'à l'obtention d'une préparation homogène. Assaisonnez, puis réchauffez le consommé à feu doux et réservez-le au chaud.

3 Portez une casserole d'eau à ébullition. Faites cuire les pointes d'asperges pendant 2 minutes, puis égouttez-les. Répartissez le consommé dans des bols. Ajoutez les pointes d'asperges et arrosez d'un filet d'huile, puis servez.

• Par portion : 96 Calories – Protéines : 6 g – Glucides : 4 g – Lipides : 6 g (dont 3 g de graisses saturées) – Fibres : 3 g – Sel : 1 g – Sucres ajoutés : 4 g.

chiche est riche en glucides, en phosphore, en calcium et en fer.

Potage de pois chiches pimenté

Pour 4 personnes

Préparation et cuisson : 30 min

- 2 gousses d'ail
- 1 oignon
- 1 poivron rouge
- 2 piments rouges
- 1 cuill. à soupe d'huile de tournesol
- 1 cuill. à café de coriandre en poudre
- 1 cuill. à café de cumin en poudre
- 820 g de pois chiches en conserve
- 1,5 l de bouillon de légumes
- le jus de 1 citron vert
- sel et poivre du moulin

POUR LE BEURRE À LA CORIANDRE
- 50 g de beurre ramolli
- 2 cuill. à soupe de coriandre hachée
- le zeste finement râpé
de 1 citron vert non traité

POUR SERVIR
- quelques feuilles de coriandre
- pain pita chaud

1   Préparez le beurre à la coriandre.
Dans un saladier, mélangez les ingrédients
avec du sel et du poivre. Transférez le tout
sur du papier sulfurisé, roulez-le pour former
un cylindre et réservez au congélateur.

2   Pilez l'ail. Pelez l'oignon et hachez-le. Épépinez
le poivron et les piments, puis émincez le tout.
Mettez l'huile à chauffer dans une casserole
et faites revenir l'oignon pendant 3 minutes.
Ajoutez le poivron, l'ail et la moitié des piments.
Laissez cuire l'ensemble 3 minutes en remuant.
Incorporez la coriandre et le cumin à la préparation,
puis prolongez la cuisson de 1 minute. Égouttez
les pois chiches, rincez-les et ajoutez-les dans
la casserole avec le bouillon. Portez à ébullition,
puis laissez mijoter 15 minutes. Mixez jusqu'à
l'obtention d'une soupe lisse. Ajoutez le jus
de citron vert et assaisonnez selon votre goût.

3   Versez la soupe dans quatre bols.
Déposez 1 rondelle de beurre à la coriandre
dans chaque bol. Parsemez du reste du piment,
ajoutez quelques feuilles de coriandre,
puis servez avec du pain pita chaud.

Par portion : 450 Calories – Protéines : 18 g –
Glucides : 39 g – Lipides : 26 g (dont 10 g de graisses
saturées) – Fibres : 10 g – Sel : 2,52 g – Pas de sucres ajoutés.

Riches en phosphore et en potassium, les petits pois se vendent frais sur les marchés de mai à septembre. On distingue les pois précoces dits «lisses» des pois «ridés», plus sucrés et plus gros.

Velouté de petits pois à la menthe

Pour 4 personnes
Préparation et cuisson : 10 min

- 1 botte d'oignons nouveaux
- 1 noix de beurre
- 70 cl de bouillon de légumes
- 300 g de petits pois surgelés
- 1 poignée de feuilles de menthe
- 3 cuill. à soupe de crème fraîche
- sel et poivre du moulin

1   Réservez quelques tiges d'oignons, puis émincez le reste. Mettez le beurre à chauffer dans une casserole et faites frire les oignons pendant 1 minute. Pendant ce temps, réchauffez le bouillon au micro-ondes. Ajoutez-le dans la casserole avec les petits pois. Ciselez la menthe au-dessus de la préparation, puis portez le tout à ébullition et laissez mijoter 5 minutes.

2   Transvasez la moitié de la préparation dans le bol d'un robot, mixez-la, puis versez-la dans la casserole. Incorporez la crème fraîche et réchauffez le tout à feu doux. Rectifiez l'assaisonnement, si nécessaire. Répartissez la soupe dans des assiettes creuses. Ciselez les tiges d'oignons réservées et parsemez-en la soupe, puis servez.

• Par portion : 122 Calories – Protéines : 6 g – Glucides : 8 g – Lipides : 7 g (dont 5 g de graisses saturées) – Fibres : 4 g – Sel : 0,67 g – Sucres ajoutés : 3 g.

Si le blanc de poireau est la partie la plus appréciée de ce légume, le vert est néanmoins aussi utilisé dans les potages et les purées. Peu calorique, le poireau est diurétique et riche en sels minéraux et en vitamine A.

Soupe de pâtes au poireau

Pour 4 personnes
Préparation et cuisson : 25 min

- 4 poireaux
- 2 brins de romarin
- 8 tranches de lard fumé
- 1,5 l de bouillon de volaille
- 200 g de *fusilli*
- sel et poivre du moulin

POUR SERVIR (facultatif)
- pain ciabatta grillé

1 Préparez les poireaux, puis coupez-les en rondelles épaisses. Effeuillez le romarin et hachez-le avec le lard. Mettez une cocotte à chauffer, puis faites frire les morceaux de poireaux et de lard à feu moyen pendant 5 minutes. Ajoutez le bouillon, le romarin, du sel et du poivre. Portez le tout à ébullition, puis laissez mijoter 5 minutes.

2 Incorporez les fusilli à la préparation et prolongez la cuisson de 10 minutes. Servez éventuellement avec du pain ciabatta grillé.

• Par portion : 322 Calories – Protéines : 16 g – Glucides : 42 g – Lipides : 11 g (dont 4 g de graisses saturées) – Fibres : 4 g – Sel : 2,53 g – Sucres ajoutés : 4 g.

En France, le concombre est généralement consommé froid,
en salade, mais il est aussi excellent chaud, cuit à l'étuvée,
sauté au beurre ou en gratin.

Velouté de concombre à la menthe

Pour 4 personnes
Préparation et cuisson : 10 min
Congélation : 20 min

• 2 concombres
• 2 gousses d'ail
• 500 g de yaourt à la grecque
• 30 cl de bouillon de volaille
• 1 poignée de feuilles de menthe
• sel et poivre du moulin

POUR SERVIR
• 1 filet d'huile d'olive
• poivre noir concassé
• quelques feuilles de menthe
• 2 pains pitas (facultatif)

1   Pelez les concombres et hachez-les.
Pilez l'ail, puis mettez-le dans le bol d'un robot
avec les concombres, le yaourt, le bouillon
et la menthe. Assaisonnez selon votre goût.
Mixez jusqu'à l'obtention d'une soupe lisse,
puis versez-la dans une carafe. Réservez
au congélateur pendant 20 minutes.

2   Versez la soupe dans des assiettes creuses
ou des verres glacés. Arrosez d'un filet d'huile,
saupoudrez de poivre noir concassé, puis parsemez
de feuilles de menthe. Servez éventuellement
avec des pains pitas grillés au four.

• Par portion : 312 Calories – Protéines : 13 g –
Glucides : 27 g – Lipides : 18 g (dont 8 g de graisses
saturées) – Fibres : 2 g – Sel : 0,9 g – Pas de sucres ajoutés.

Ce potage coloré ensoleillera votre table!

Potage de légumes

Pour 2 personnes
Préparation et cuisson : 25 min

• 200 g de légumes variés (oignons, céleri, carottes, etc.)
• 300 g de pommes de terre
• 1 cuill. à soupe d'huile végétale
• 70 cl de bouillon de légumes
• sel et poivre du moulin

POUR SERVIR
• 2 cuill. à soupe de crème fraîche épaisse
• 1 cuill. à soupe de menthe ciselée
• 1 cuill. à soupe de persil plat ciselé

1   Pelez les légumes, si nécessaire, et hachez-les. Épluchez les pommes de terre, coupez-les en dés, puis mettez l'huile à chauffer dans une casserole et faites rissoler le tout pendant quelques minutes.

2   Versez le bouillon dans la casserole et laissez mijoter de 10 à 15 minutes. Mixez jusqu'à l'obtention d'une soupe lisse, assaisonnez, puis répartissez la soupe dans des bols. Déposez 1 cuillerée à soupe de crème fraîche dans chaque bol. Parsemez de menthe et de persil, puis servez.

● Par portion : 211 Calories – Protéines : 5 g – Glucides : 35 g – Lipides : 7 g (dont 1 g de graisses saturées) – Fibres : 5 g – Sel : 0,95 g – Sucres ajoutés : 8 g.

Les pommes de terre à chair farineuse sont idéales
pour la confection des soupes, des purées, des gratins et des frites.
L'une des variétés les plus connues est la Bintje.

Soupe de légumes au lard

Pour 4 personnes
Préparation et cuisson : 25 min

- 1 carotte
- 2 gousses d'ail
- 1 oignon
- 1 branche de céleri
- 550 g de pommes de terre farineuses
- 1 cuill. à soupe d'huile d'olive
- 1 l de bouillon de volaille
ou de légumes
- 8 tranches de lard
- 200 g de chou de Savoie
- sel et poivre du moulin

POUR SERVIR
- 1 filet d'huile d'olive

1   Pelez la carotte, l'ail et l'oignon, puis émincez le tout avec le céleri. Épluchez les pommes de terre et coupez-les en petits dés. Mettez l'huile à chauffer dans une casserole à feu moyen, puis réunissez les carottes, l'ail, le céleri et les dés de pommes de terre dans la casserole. Assaisonnez généreusement, baissez le feu et laissez cuire 5 minutes à couvert. Ajoutez le bouillon, portez à ébullition, puis laissez mijoter 5 minutes.

2   Pendant ce temps, mettez une poêle à chauffer, puis faites griller le lard jusqu'à ce qu'il soit croustillant et coupez-le en lamelles. Coupez le cœur du chou, jetez-le, puis émincez ses feuilles et réservez-les.

3   Mixez la soupe à l'aide d'un mixeur plongeant, puis ajoutez le chou dans la casserole. Laissez mijoter quelques minutes et assaisonnez selon votre goût. Arrosez d'un filet d'huile d'olive, parsemez de lamelles de lard, puis servez.

● Par portion : 336 Calories – Protéines : 21 g – Glucides : 32 g – Lipides : 15 g (dont 4 g de graisses saturées) – Fibres : 5 g – Sel : 2,61 g – Sucres ajoutés : 7 g.

La cuisine asiatique utilise des champignons que l'on trouve
en Europe essentiellement sous forme séchée.

Soupe de crevettes
aux champignons

Pour 4 personnes
Préparation et cuisson : 20 min

- 140 g de champignons shiitakés
- 1 cuill. à soupe d'huile de tournesol
- 300 g de mélange de légumes chinois
- 2 cuill. à soupe de pâte de curry vert
- 40 cl de lait de coco allégé
- 20 cl de bouillon de légumes ou de poisson
- 300 g de nouilles chinoises précuites
- 200 g de crevettes crues décortiquées

1   Tranchez les champignons. Mettez l'huile à chauffer dans un wok ou dans une sauteuse antiadhésive, puis faites sauter les champignons et les légumes chinois pendant 2 ou 3 minutes. Réservez l'ensemble sur une assiette. Mettez la pâte de curry dans le wok et faites-la frire pendant 1 minute.

2   Versez le lait de coco et le bouillon dans le wok, puis portez à ébullition. Ajoutez les nouilles, les crevettes et baissez le feu. Laissez mijoter 4 minutes. Remettez les légumes dans le wok, remuez et servez.

• Par portion : 327 Calories – Protéines : 16 g – Glucides : 32 g – Lipides : 17 g (dont 10 g de graisses saturées) – Fibres : 4 g – Sel : 0,97 g – Sucres ajoutés : 4 g.

Préparez vous-même votre pesto en mixant ensemble du basilic, de l'ail, du parmesan, des pignons de pin et de l'huile d'olive.

Soupe de haricots blancs aux légumes

Pour 4 personnes
Préparation et cuisson : 20 min

- 1 oignon
- 2 gousses d'ail
- 3 tomates
- 200 g de courgettes
- 1 cuill. à soupe d'huile d'olive
- 2 cuill. à soupe de pesto
- 60 cl de bouillon de légumes
- 410 g de haricots blancs en conserve
- 100 g de légumes mélangés surgelés
- sel et poivre du moulin

POUR SERVIR
- 25 g de parmesan râpé
- pain croustillant chaud

1   Pelez l'oignon et l'ail, puis hachez-les. Coupez les tomates et les courgettes en dés. Dans un grand plat allant au micro-ondes, réunissez l'huile, l'oignon et l'ail. Couvrez, puis faites cuire au micro-ondes réglé à puissance maximale pendant 2 minutes. Remuez, ajoutez les dés de courgette et de tomate, puis prolongez la cuisson de 4 minutes à couvert. Remuez de nouveau à mi-cuisson.

2   Incorporez 1 cuillerée à soupe de pesto au bouillon et versez le tout dans le plat. Égouttez les haricots, rincez-les, puis ajoutez-les à la préparation avec les légumes mélangés. Assaisonnez, remuez et faites cuire au micro-ondes réglé à puissance maximale 5 minutes à couvert.

3   Mélangez soigneusement le tout, puis laissez reposer 3 minutes à couvert. Répartissez la soupe dans des bols. Nappez du reste du pesto. Parsemez de parmesan râpé et servez avec du pain croustillant chaud.

• Par portion : 249 Calories – Protéines : 13 g – Glucides : 25 g – Lipides : 11 g (dont 3 g de graisses saturées) – Fibres : 8 g – Sel : 1,89 g – Pas de sucres ajoutés.

Pour donner à cette soupe une saveur marocaine,
remplacez le piment et le cumin par quelques cuillerées à café de harissa.

Potage de carottes
aux lentilles

Pour 4 personnes
Préparation et cuisson : 25 min

- 600 g de carottes
- 2 cuill. à café de graines de cumin
- 1 pincée de piment en poudre
- 2 cuill. à soupe d'huile d'olive
- 140 g de lentilles corail
- 1 l de bouillon de légumes
- 15 cl de lait
- sel et poivre du moulin

POUR SERVIR
- 4 cuill. à soupe de yaourt nature
- quelques feuilles de persil plat
- *naan* (pains indiens) chauds

1   Lavez les carottes et râpez-les grossièrement.
Mettez à chauffer une grande casserole, puis
faites griller les graines de cumin et le piment
à sec jusqu'à ce que les graines sautent dans
la casserole. Réservez la moitié du contenu
de la casserole dans un bol.

2   Ajoutez l'huile, les carottes, les lentilles,
le bouillon et le lait dans la casserole. Portez
à ébullition, puis laissez mijoter 15 minutes.

3   Mixez la préparation jusqu'à l'obtention
d'une soupe homogène et assaisonnez-la selon
votre goût. Répartissez le potage dans des bols.
Déposez 1 cuillerée à soupe de yaourt dans
chaque bol. Parsemez de feuilles de persil
et du reste de graines de cumin, puis servez
avec des naan chauds.

⁕ Par portion : 238 Calories – Protéines : 11 g –
Glucides : 34 g – Lipides : 7 g (dont 1 g de graisses
saturées) – Fibres : 5 g – Sel : 0,25 g – Pas de sucres ajoutés.

Les lentilles sont riches en fibres
et constituent une bonne source de fer.

Consommé de poulet
aux lentilles

Pour 4 personnes
Préparation et cuisson : 35 min

- 4 oignons nouveaux
- 85 cl de bouillon de volaille
- 250 g de pommes de terre
- 30 cl de lait écrémé
- 250 g de blancs de poulet
sans la peau
- 410 g de lentilles vertes en conserve
- 140 g de maïs
- sel et poivre du moulin

POUR SERVIR
- quelques brins de ciboulette
- pain complet

1 Émincez les oignons et mettez-les dans une grande casserole avec 6 cuillerées à soupe de bouillon. Assaisonnez, puis faites cuire 2 ou 3 minutes à couvert. Pendant ce temps, pelez les pommes de terre et coupez-les en dés. Ajoutez-les dans la casserole avec le reste du bouillon et le lait. Portez à ébullition, puis laissez mijoter 10 minutes à demi-couvert.

2 Transvasez le quart de la préparation dans le bol d'un robot. Mixez jusqu'à l'obtention d'une soupe lisse, puis versez-la dans la casserole.

3 Coupez le poulet en petits morceaux. Égouttez les lentilles et rincez-les. Ajoutez-les dans la casserole avec le poulet et le maïs, puis laissez cuire de 5 à 7 minutes. Rectifiez l'assaisonnement selon votre goût. Répartissez la soupe dans des bols chauds. Ciselez la ciboulette au-dessus des bols et servez accompagné de tranches de pain complet.

• Par portion : 252 Calories – Protéines : 31 g – Glucides : 29 g – Lipides : 2 g (dont 1 g de graisses saturées) – Fibres : 6 g – Sel : 0,75 g – Sucres ajoutés : 5 g.

Le paprika est une variété de piment doux.
Il est omniprésent dans la cuisine hongroise.

Soupe de crevettes aux pommes de terre

Pour 4 personnes
Préparation et cuisson : 35 min

- 400 g de maïs en conserve
- 500 g de pommes de terre farineuses (de type bintje)
- 2 cuill. à soupe de lait
- 1 botte d'oignons nouveaux
- 1 cuill. à soupe d'huile de tournesol
- 1 cuill. à soupe de concentré de tomates
- 1 cuill. à café de paprika
- 60 cl de bouillon de légumes
- 200 g de petites crevettes cuites décortiquées
- 4 tranches de lard
- sel et poivre du moulin

1 Égouttez le maïs, mettez-le dans le bol d'un robot, puis mixez-le. Pelez les pommes de terre et coupez-les en dés. Mettez-les dans une casserole d'eau salée, portez à ébullition, et laissez-les cuire jusqu'à ce qu'ils soient tendres. Égouttez, puis remettez les pommes de terre dans la casserole. Ajoutez le lait, écrasez le tout et assaisonnez. Réservez au chaud.

2 Pendant ce temps, hachez les oignons. Mettez l'huile à chauffer dans une grande casserole, puis faites frire les trois quarts des oignons pendant 2 minutes. Ajoutez la purée de maïs, le concentré de tomates, le paprika et le bouillon. Portez à ébullition, laissez mijoter 5 minutes, puis incorporez les crevettes à la préparation.

3 Faites griller le lard à sec dans une poêle antiadhésive jusqu'à ce qu'il soit croustillant. Versez la soupe dans quatre bols. Déposez la purée au centre des bols. Brisez le lard en petits morceaux au-dessus de la soupe. Ajoutez le reste des oignons, puis servez.

• Par portion : 338 Calories – Protéines : 21 g – Glucides : 47 g – Lipides : 9 g (dont 2 g de graisses saturées) – Fibres : 4 g – Sel : 2,43 g – Sucres ajoutés : 12 g.

Veillez à ne pas verser toute l'eau de trempage des champignons
dans la préparation car le fond est parfois sableux.

Consommé de champignons au lard

Pour 6 personnes
Préparation et cuisson : 1 h 30

- 200 g de lardons
- 4 carottes
- 2 oignons
- 2 gousses d'ail
- 3 branches de céleri
- 1 brin de romarin
- 1 brin de thym
- 30 g de cèpes séchés
- 15 cl de vin blanc
- 1,5 l de bouillon de volaille
- 175 g d'orge perlé
- 1 petit chou
- sel et poivre du moulin

POUR SERVIR
- parmesan ou gruyère râpé

1   Faites cuire les lardons à sec dans une casserole
pendant 10 minutes en remuant régulièrement.
Pelez les carottes, les oignons et l'ail, puis hachez
le tout avec le céleri. Ajoutez-les dans la casserole
avec les brins de romarin et de thym. Laissez cuire
à feu doux 10 minutes à couvert.

2   Pendant ce temps, portez de l'eau à ébullition
dans une bouilloire. Mettez les champignons
dans un récipient gradué, puis arrosez-les d'eau
bouillante jusqu'à la marque correspondant
à 60 cl et laissez tremper 10 minutes. Retirez
les champignons de l'eau à l'aide d'une écumoire.
Hachez-les grossièrement, puis ajoutez-les dans
la casserole et laissez cuire 1 minute à feu vif.
Arrosez de vin et laissez-le s'évaporer. Versez
l'eau de trempage des champignons, le bouillon
et l'orge dans la préparation, puis prolongez
la cuisson de 40 minutes.

3   Retirez les brins de thym et de romarin
de la soupe. Coupez le chou en lamelles, ajoutez-les
dans la casserole et laissez mijoter 5 minutes.
Assaisonnez et servez avec du fromage râpé.

◦ Par portion : 290 Calories – Protéines : 18 g –
Glucides : 35 g – Lipides : 9 g (dont 3 g de graisses
saturées) – Fibres : 5 g – Sel : 1,75 g – Sucres ajoutés : 9 g.

*Les lentilles corail sont très énergétiques
et cuisent plus vite que les lentilles vertes.*

Potage de poulet aux lentilles

Pour 4 personnes
Préparation et cuisson : 45 min

- 1 cuill. à café de graines de coriandre
- 1 cuill. à café de graines de cumin
- 1 petit oignon
- 1 cuill. à soupe d'huile de tournesol
- 2 gousses d'ail
- 14 feuilles de curry
- 1/2 cuill. à café de curcuma en poudre
- 1,5 l de bouillon de volaille
- 100 g de lentilles vertes
- 100 g de lentilles corail
- 100 g de poulet cuit
- 230 g de tomates concassées en conserve
- 1 bonne poignée de coriandre
- 150 g de yaourt nature
- sel et poivre du moulin

1 Faites griller les graines de coriandre et de cumin à sec dans une poêle antiadhésive 1 ou 2 minutes. Transférez-les dans un mortier, puis pilez-les. Pelez l'oignon et hachez-le. Mettez l'huile à chauffer dans une casserole, puis faites frire l'oignon pendant 2 ou 3 minutes. Pilez l'ail et ajoutez-le dans la casserole avec les feuilles de curry. Remuez, puis laissez frire 1 minute. Incorporez les graines et le curcuma à la préparation. Arrosez de bouillon, puis portez à ébullition. Ajoutez les lentilles vertes et laissez mijoter 10 minutes. Versez les lentilles corail dans la casserole, puis prolongez la cuisson de 15 minutes.

2 Coupez le poulet en dés, mettez-les dans la casserole avec les tomates, puis réchauffez le tout. Ciselez la coriandre. Incorporez 1 cuillerée à soupe de yaourt et la moitié de la coriandre à la préparation, puis rectifiez l'assaisonnement. Dans un petit bol, mélangez le reste de la coriandre au reste du yaourt et servez éventuellement avec la soupe.

• Par portion : 346 Calories – Protéines : 33 g – Glucides : 36 g – Lipides : 8 g (dont 2 g de graisses saturées) – Fibres : 5 g – Sel : 0,91 g – Sucres ajoutés : 8 g.

Conviez l'exotisme à votre table en servant cette soupe asiatique !

Soupe de nouilles chinoises aux légumes

Pour 4 personnes
Préparation et cuisson : 50 min

- 25 g de nouilles de riz
- 1 morceau de gingembre de 8 cm
- 2 piments oiseaux
- 2 branches de citronnelle
- 4 feuilles de citron vert
- 1 poignée de feuilles de coriandre
- 2 tomates olivettes
- 1,5 l d'eau
- 200 g de champignons shiitakés
- 1 cuill. à soupe d'huile de piment ou d'huile végétale
- 2 cuill. à soupe de sauce soja
- 100 g de pois gourmands
- 140 g de mini-épis de maïs
- 100 g de petits pois surgelés
- huile végétale
- sel et poivre du moulin

1 Mettez les nouilles à tremper dans de l'eau chaude. Rincez-les, égouttez-les, puis essuyez-les à l'aide de papier absorbant. Pelez le gingembre et tranchez-le. Coupez les piments en deux, puis épépinez-les. Froissez la citronnelle et les feuilles de citron vert. Hachez la coriandre et les tomates, puis mettez-les dans une grande casserole avec le gingembre, les piments, la citronnelle et les feuilles de citron vert. Ajoutez l'eau, portez à ébullition et laissez mijoter 15 minutes. Filtrez le bouillon.

2 Coupez les champignons en deux. Mettez l'huile à chauffer dans la casserole, puis faites revenir les demi-champignons pendant 2 minutes. Arrosez de bouillon et de sauce soja, puis ajoutez les pois gourmands, les épis de maïs et les petits pois. Portez à ébullition, laissez mijoter 2 minutes, puis réservez au chaud.

3 Mettez à chauffer 2 cm d'huile dans un wok. Faites frire le quart des nouilles pendant 10 secondes, puis égouttez-les sur du papier absorbant. Renouvelez l'opération avec le reste des nouilles. Répartissez la soupe dans des bols, puis ajoutez les nouilles frites et servez.

⸱ Par portion : 108 Calories – Protéines : 5 g – Glucides : 12 g – Lipides : 5 g (dont 1 g de graisses saturées) – Fibres : 3 g – Sel : 1,18 g – Pas de sucres ajoutés.

L'oignon, les carottes, le poireau et le céleri permettent de préparer le bouillon dans lequel cuiront les raviolis et les tomates.

Bouillon de légumes aux raviolis et à la tomate

Pour 4 personnes

Préparation et cuisson : 1 h 20

- 1 oignon
- 3 carottes
- 1 poireau
- 3 branches de céleri
- 1,5 l d'eau
- 4 gros brins de romarin
- 1 feuille de laurier
- 6 tomates olivettes
- 250 g de raviolis au fromage
- sel et poivre du moulin

POUR SERVIR
- 1 poignée de feuilles de basilic

1   Pelez l'oignon, puis hachez-le grossièrement avec les carottes et le poireau. Tranchez le céleri. Versez l'eau dans une casserole, puis ajoutez l'oignon, les carottes, le poireau, le céleri, le romarin et la feuille de laurier. Portez à ébullition et laissez mijoter 1 heure à couvert.

2   Ôtez l'écume. Placez une passoire au-dessus d'une autre casserole et passez la soupe sans écraser les légumes. Remettez quelques feuilles de romarin dans la seconde casserole.

3   Pelez les tomates, épépinez-les, puis hachez-les grossièrement. Portez la soupe à ébullition, ajoutez les raviolis et laissez cuire 3 minutes. Ajoutez les tomates dans la casserole, puis prolongez la cuisson de 2 minutes. Assaisonnez selon votre goût. Répartissez la soupe dans des assiettes creuses. Froissez le basilic, parsemez-en les assiettes et servez.

• Par portion : 153 Calories – Protéines : 6 g – Glucides : 21 g – Lipides : 5 g (dont 3 g de graisses saturées) – Fibres : 4 g – Sel : 0,3 g – Pas de sucres ajoutés.

Le minestrone est une soupe de légumes italienne
garnie de pâtes ou de riz, ce qui en fait un plat complet.

Minestrone aux spaghettis

Pour 4 personnes
Préparation et cuisson : 45 min

- 3 grosses carottes
- 1 gros oignon
- 4 branches de céleri
- 2 gousses d'ail
- 2 grosses pommes de terre
- 1 cuill. à soupe d'huile d'olive
- 2 cuill. à soupe de concentré de tomates
- 2 l de bouillon de légumes
- 400 g de tomates concassées en conserve
- 400 g de haricots blancs
- 140 g de spaghettis
- 1/2 chou de Savoie
- sel et poivre du moulin

POUR SERVIR
- pain croustillant

1   Pelez les carottes et l'oignon, puis hachez-les grossièrement avec le céleri. Réunissez le tout dans le bol d'un robot et mixez brièvement. Pilez l'ail, puis épluchez les pommes de terre et coupez-les en petits dés. Mettez l'huile à chauffer dans une casserole, puis faites revenir l'ensemble à feu vif pendant 5 minutes.

2   Incorporez le concentré de tomates, le bouillon et les tomates concassées à la préparation. Portez à ébullition et laissez mijoter 10 minutes à couvert.

3   Égouttez les haricots, puis rincez-les. Cassez les spaghettis en petits morceaux et coupez le demi-chou en lamelles. Ajoutez les haricots et les spaghettis dans la casserole, puis prolongez la cuisson de 10 minutes. Incorporez le chou au minestrone 2 minutes avant la fin du temps de cuisson et assaisonnez selon votre goût. Servez avec du pain croustillant.

＊ Par portion : 420 Calories – Protéines : 18 g – Glucides : 79 g – Lipides : 6 g (dont 1 g de graisses saturées) – Fibres : 16 g – Sel : 1,11 g – Sucres ajoutés : 24 g.

La sauce soja étant déjà salée,
n'ajoutez pas de sel à cette recette.

Bouillon de poulet aux nouilles chinoises

Pour 2 personnes
Préparation et cuisson : 40 min

- 1 gousse d'ail
- 85 cl de bouillon de volaille ou de légumes
- 1 blanc de poulet sans la peau
- 1 cuill. à café de gingembre haché
- quelques champignons de Paris
- 2 oignons nouveaux
- 50 g de nouilles de riz ou de blé
- 2 cuill. à soupe de maïs
- 2 cuill. à café de sauce soja

POUR SERVIR
- 1/2 cuill. à café de piment émincé
- quelques feuilles de menthe ou de basilic
- 1 filet de sauce soja

1   Pilez l'ail, puis mettez-le dans une grande casserole avec le bouillon, le poulet et le gingembre. Portez à ébullition, baissez le feu et laissez mijoter 5 minutes à demi-couvert. Retirez le poulet de la casserole, posez-le sur une planche à découper, puis détaillez-le en lamelles.

2   Émincez les champignons et hachez les oignons. Remettez le poulet dans la casserole avec les nouilles, le maïs, les champignons, la moitié des oignons et la sauce soja. Laissez mijoter 2 ou 3 minutes, puis répartissez la soupe dans deux bols. Parsemez de piment, de feuilles de menthe et du reste d'oignons. Arrosez d'un filet de sauce soja, puis servez.

• Par portion : 217 Calories – Protéines : 26 g – Glucides : 26 g – Lipides : 2 g (dont 0,4 g de graisses saturées) – Fibres : 0,6 g – Sel : 2,52 g – Sucres ajoutés : 1 g.

Si vous préparez vous-même le bouillon de légumes,
veillez à limiter l'apport en sel. Si vous utilisez des cubes de bouillon
dissous dans de l'eau bouillante, préférez ceux allégés en sel.

Potage de légumes au poulet

Pour 2 personnes
Préparation et cuisson : 25 min

- 150 g de nouilles chinoises précuites ou 85 g de nouilles séchées
- 1 gousse d'ail
- 50 cl de bouillon de légumes pauvre en sel
- 1 cuill. à café de gingembre haché
- 2 cuill. à café de sauce soja
- 2 cuill. à café de sucre en poudre
- 85 g de poulet cuit
- 1 poignée de légumes mélangés (par exemple germes de soja, maïs, rondelles de carottes et pois gourmands)

POUR SERVIR
- 2 cuill. à soupe d'oignon nouveau émincé
- le jus de 1 citron vert

1 Si vous utilisez des nouilles séchées, faites-les tremper dans de l'eau bouillante pendant 4 minutes, rincez-les, puis égouttez-les. Pelez l'ail et râpez-le. Mettez-le dans une casserole avec le bouillon, le gingembre, la sauce soja et le sucre. Faites chauffer le tout, puis laissez mijoter 5 minutes. Ôtez du feu et transvasez la préparation dans un récipient adapté au micro-ondes.

2 Détaillez le poulet en lamelles, puis ajoutez-les dans le récipient avec les légumes et les nouilles. Faites cuire au micro-ondes réglé à puissance maximale pendant 2 minutes. Remuez, puis prolongez la cuisson de 1 minute. Répartissez la soupe dans deux bols. Parsemez d'oignon nouveau émincé et arrosez de jus de citron vert, puis servez.

• Par portion : 241 Calories – Protéines : 18 g – Glucides : 36 g – Lipides : 4 g (dont 1 g de graisses saturées) – Fibres : 2 g – Sel : 2,03 g – Sucres ajoutés : 7 g.

Voici une soupe légère et généreuse en goût
qui réchauffera les cœurs tout au long de l'année.

Soupe de petits pois au lard

Pour 4 personnes

Préparation et cuisson : 35 min

- 1 oignon
- 1 cuill. à soupe d'huile d'olive
- 1 gousse d'ail
- 650 g de petits pois surgelés
- 85 cl de bouillon de légumes
- 6 tranches de lard
- 15 g de beurre
- sel et poivre du moulin

1   Pelez l'oignon et hachez-le. Mettez l'huile à chauffer dans une casserole et faites revenir l'oignon à feu moyen pendant 5 ou 6 minutes. Pilez l'ail et ajoutez-le dans la casserole. Prolongez la cuisson de 1 minute. Ajoutez les trois quarts des petits pois et le bouillon. Portez à ébullition, puis laissez mijoter de 10 à 12 minutes.

2   Pendant ce temps, faites griller le lard à sec dans une poêle antiadhésive jusqu'à ce qu'il soit croustillant. Laissez la soupe refroidir quelques minutes, puis mixez-la à l'aide d'un mixeur plongeant jusqu'à ce qu'elle soit lisse.

3   Ajoutez le reste des petits pois dans la casserole, portez à ébullition et laissez mijoter 2 minutes. Assaisonnez selon votre goût. Incorporez le beurre à la préparation, puis répartissez-la dans des grandes tasses. Coupez le lard en petits morceaux, parsemez-en la soupe et servez.

Par portion : 131 Calories – Protéines : 11 g – Glucides : 12 g – Lipides : 5 g (dont 1 g de graisses saturées) – Fibres : 6 g – Sel : 1,11 g – Sucres ajoutés : 4 g.

Pour préparer le bouillon de poisson, réunissez du poisson,
du céleri, de l'ail, de l'oignon et une feuille de laurier
dans 1 l d'eau bouillante.

Soupe de haddock au maïs

Pour 4 personnes
Préparation et cuisson : 30 min

- 3 pommes de terre
- 400 g de haddock fumé sans la peau
- 200 g de brocolis
- 60 cl de lait entier
- 50 cl de bouillon de poisson chaud
- 400 g de maïs en conserve
- 1 filet de jus de citron

POUR SERVIR
- 2 cuill. à soupe d'oignon nouveau émincé
- mini-pains pitas grillés
- fromage frais à tartiner
- jambon blanc

1   Pelez les pommes de terre et coupez-les en petits dés. Détaillez le haddock en gros morceaux et les brocolis en petits bouquets. Mettez les dés de pommes de terre dans une grande casserole avec le lait et le bouillon. Portez à ébullition, puis laissez mijoter 10 minutes. Écrasez une partie des pommes de terre dans le liquide à l'aide d'un presse-purée.

2   Incorporez le haddock et les brocolis à la préparation, puis prolongez la cuisson de 5 minutes. Égouttez le maïs et ajoutez-le dans la casserole avec le jus de citron. Réchauffez le tout. Versez la soupe dans quatre bols, puis parsemez d'oignon nouveau émincé. Servez avec des mini-pains pitas tartinés de fromage frais et de jambon.

• Par portion : 360 Calories – Protéines : 31 g – Glucides : 43 g – Lipides : 8 g (dont 4 g de graisses saturées) – Fibres : 4 g – Sel : 3,63 g – Sucres ajoutés : 16 g.

Cette recette n'est pas sans rappeler celle de la potée,
constituée de viande, de chou et de pommes de terre
cuits dans un bouillon. Seul l'ajout de pâtes permet de les différencier.

Garbure au jambonneau

Pour 4 personnes

Préparation et cuisson : 35 min

- 2 oignons
- 1 carotte
- 1 cuill. à soupe d'huile d'olive
- 2 grosses pommes de terre
- 50 g de jambonneau
- 1,5 l de bouillon de légumes chaud
- 50 g de petites pâtes
- 1/2 chou de Savoie
- poivre du moulin

POUR SERVIR
- pain croustillant

1   Pelez les oignons et la carotte, puis hachez
le tout. Mettez l'huile à chauffer dans une grande
casserole. Faites revenir les oignons et la carotte
à feu doux pendant 5 minutes. Pelez les pommes
de terre, coupez-les en petits dés, puis détaillez
le jambonneau en lamelles et ajoutez l'ensemble
dans la casserole avec le bouillon. Portez à ébullition
et laissez mijoter 10 minutes. Incorporez les pâtes
à la préparation, puis prolongez la cuisson
de 8 à 10 minutes.

2   Coupez le demi-chou en lamelles.
Ajoutez-les dans la casserole et laissez mijoter
2 minutes. Poivrez selon votre goût, puis servez
avec du pain croustillant.

* Par portion : 219 Calories – Protéines : 10 g –
Glucides : 37 g – Lipides : 4 g (dont 1 g de graisses
saturées) – Fibres : 6 g – Sel : 1,42 g – Sucres ajoutés : 1 g.

Le cresson et la menthe doivent être à peine cuits
pour conserver leur saveur poivrée et leurs couleurs vives.

Velouté de légumes verts

Pour 4 personnes

Préparation et cuisson : 15 min

- 1 botte d'oignons nouveaux
- 3 courgettes
- 1 noix de beurre ou 1 filet d'huile d'olive
- 85 cl de bouillon de légumes chaud
- 200 g de petits pois
- 85 g de cresson prêt à l'emploi
- 1 bonne poignée de feuilles de menthe
- 2 cuill. à soupe bombées de yaourt à la grecque à 0 % de M. G.
- sel et poivre du moulin

POUR SERVIR
- pain croustillant

1 Hachez les oignons et les courgettes. Mettez le beurre à chauffer dans une casserole, puis faites cuire les oignons et les courgettes 3 minutes à couvert. Réchauffez le bouillon au micro-ondes et ajoutez-le dans la casserole avec les petits pois. Portez à ébullition, puis laissez mijoter 4 minutes à couvert. Ôtez du feu. Incorporez le cresson et la menthe à la préparation, puis remuez jusqu'à ce qu'ils aient fondu.

2 Mixez la soupe en ajoutant 2 cuillerées à soupe de yaourt. Assaisonnez selon votre goût, puis versez-la dans des assiettes creuses. Servez la soupe chaude ou froide, nappée du reste du yaourt, avec du pain croustillant

● Par portion : 100 Calories – Protéines : 8 g – Glucides : 9 g – Lipides : 4 g (dont 2 g de graisses saturées) – Fibres : 4 g – Sel : 0,81 g – Pas de sucres ajoutés.

Riche en fer, en calcium, en potassium et en vitamine C,
le cresson a longtemps été utilisé dans un but médicinal.

Bouillon de poulet
au cresson

Pour 4 personnes
Préparation et cuisson : 10 min

- 1,5 l de bouillon de volaille
- 100 g de champignons shiitakés
- 2 blancs de poulet cuit sans la peau
- 100 g de cresson
- 2 cuill. à café d'huile de sésame
- 1 pincée de sel (facultatif)

1 Versez le bouillon dans une grande
casserole, puis portez-le à petite ébullition.
Pendant ce temps, coupez les champignons
en deux. Ajoutez-les dans la casserole
et laissez-les cuire 5 minutes.

2 Détaillez le poulet en lamelles, puis incorporez-les
à la préparation avec le cresson. Ôtez du feu.
Ajoutez l'huile de sésame et, si nécessaire,
1 pincée de sel. Remuez, puis laissez reposer
2 minutes et servez.

• Par portion : 125 Calories – Protéines : 21 g –
Glucides : 1 g – Lipides : 4 g (dont 1 g de graisses
saturées) – Fibres : 0,4 g – Sel : 1,16 g – Sucres ajoutés : 0,1 g.

Les cèpes séchés sont des champignons sauvages déshydratés.
Ils sont parfaits pour remplacer des champignons frais
ou accentuer la saveur de ces derniers.

Soupe aux champignons et à la carotte

Pour 4 personnes
Préparation et cuisson : 1 h

- 25 cl d'eau bouillante
- 25 g de cèpes séchés
- 1 oignon
- 2 grosses carottes
- 2 gousses d'ail
- 500 g de champignons de Paris
- 2 cuill. à soupe d'huile d'olive
- 1 cuill. à soupe de romarin frais haché
ou 1 cuill. à café de romarin séché
- 1,5 l de bouillon de légumes
- 5 cuill. à soupe de marsala
ou de xérès sec
- 2 cuill. à soupe de concentré
de tomate
- 100 g d'orge perlé
- sel et poivre du moulin

POUR SERVIR (facultatif)
- parmesan râpé

1   Portez l'eau à ébullition dans une casserole.
Mettez les cèpes dans un saladier et arrosez-les
d'eau bouillante. Laissez-les tremper pendant
25 minutes.

2   Pendant ce temps, pelez l'oignon
et les carottes, puis émincez-les. Pilez l'ail.
Émincez les champignons de Paris. Mettez l'huile
à chauffer dans une casserole, puis faites revenir
l'oignon avec les carottes, l'ail, le romarin, du sel
et du poivre pendant 5 minutes à feu moyen.

3   Égouttez les cèpes en réservant leur eau
de trempage et hachez-les. Mettez-les dans
la casserole avec les champignons de Paris,
puis laissez frire le tout 5 minutes. Ajoutez
le bouillon, le marsala, le concentré de tomates,
l'orge et l'eau de trempage des cèpes. Prolongez
la cuisson de 30 minutes. Mouillez avec de l'eau
si la soupe épaissit trop. Répartissez la préparation
dans des bols. Parsemez éventuellement
de parmesan râpé et servez.

Par portion : 245 Calories – Protéines : 8 g –
Glucides : 35 g – Lipides : 7 g (dont 1 g de graisses
saturées) – Fibres : 3 g – Sel : 1,13 g – Sucres ajoutés : 10 g.

Veillez à ne pas mixer la soupe trop longuement car les morceaux de tomates ne doivent pas être complètement écrasés.

Soupe froide à la tomate et au citron vert

Pour 2 personnes
Préparation : 10 min

- 300 g de tomates mûres
- 1 oignon rouge
- 1 gousse d'ail
- 1 poignée de coriandre
- 1/2 cuill. à café de sucre en poudre
- le jus de 1 citron vert
- sel et poivre du moulin

POUR SERVIR
- 1 filet d'huile d'olive
- tortillas (chips)

1   Coupez les tomates en gros morceaux. Pelez l'oignon et l'ail, puis hachez l'ensemble. Ciselez la coriandre. Dans le bol d'un robot, réunissez les tomates, l'oignon, l'ail et les trois quarts de la coriandre avec le sucre et le jus de citron vert. Assaisonnez généreusement, puis mixez brièvement le tout.

2   Répartissez la soupe dans des bols. Parsemez du reste de coriandre et arrosez d'un filet d'huile d'olive, puis servez aussitôt avec des chips de tortillas ou réservez au réfrigérateur jusqu'au moment de servir.

• Par portion : 74 Calories – Protéines : 2 g – Glucides : 9 g – Lipides : 4 g (dont 1 g de graisses saturées) – Fibres : 2 g – Sel : 0,42 g – Sucres ajoutés : 8 g.

Les lentilles corail doivent leur nom à leur couleur rose orangé.
Comme toutes les lentilles, elles sont riches en protéines, en fibres et en fer.
On les trouve généralement dans les rayons bio des grandes surfaces.

Soupe de lentilles corail à la tomate

Pour 4 personnes
Préparation et cuisson : 35 min

- 2 cuill. à café de graines de cumin
- 1 bonne pincée de piment en poudre
- 1 oignon rouge
- 1 cuill. à soupe d'huile d'olive
- 140 g de lentilles corail
- 85 cl de bouillon de légumes
- 400 g de tomates en conserve, entières ou concassées
- 200 g de pois chiches en conserve
- 1 petit bouquet de coriandre
- sel et poivre du moulin

POUR SERVIR
- 4 cuill. à soupe de yaourt à la grecque à 0 % de M. G.
- quelques feuilles de coriandre

1 Mettez à chauffer une grande casserole, puis faites griller les graines de cumin et le piment à sec jusqu'à ce que les graines sautent dans la casserole. Pelez l'oignon et hachez-le. Ajoutez-le dans la casserole avec l'huile, puis laissez cuire 5 minutes. Incorporez les lentilles, le bouillon et les tomates à la préparation. Portez à petite ébullition et prolongez la cuisson de 15 minutes.

2 Mixez la soupe à l'aide d'un mixeur plongeant. Égouttez les pois chiches. Ajoutez-les dans la casserole et réchauffez le tout à feu doux, puis assaisonnez généreusement. Hachez grossièrement la coriandre et incorporez-la à la préparation. Répartissez la soupe dans des bols. Déposez 1 cuillerée à soupe de yaourt dans chaque bol, puis parsemez de feuilles de coriandre et servez.

⁂ Par portion : 222 Calories – Protéines : 13 g – Glucides : 33 g – Lipides : 5 g (Pas de graisses saturées) – Fibres : 6 g – Sel : 0,87 g – Sucres ajoutés : 6 g.

Les kabanos sont de petites saucisses sèches de porc fumé originaires de Pologne, qu'il est possible de remplacer par du chorizo dans cette recette.

Potage au chou et à la saucisse fumée

Pour 4 personnes
Préparation et cuisson : 50 min

- 2 gros oignons
- 2 cuill. à soupe d'huile d'olive
- 2 gousses d'ail
- 200 g de kabanos
- 1 cuill. à café de paprika
- 85 g de riz Basmati
- 1 cuill. à soupe de thym
- 2 l de bouillon de bœuf
- 3 carottes
- 100 g de chou frisé
- sel et poivre du moulin

POUR SERVIR (facultatif)
- pain croustillant

1   Pelez les oignons, puis émincez-les grossièrement. Mettez l'huile à chauffer dans une casserole et faites frire les oignons pendant 5 minutes. Pendant ce temps, pilez l'ail. Hachez les saucisses et ajoutez-les dans la casserole avec l'ail. Prolongez la cuisson de quelques minutes, puis incorporez le paprika, le riz et le thym à la préparation.

2   Versez le bouillon dans la casserole et portez à ébullition. Pelez les carottes et coupez-les en rondelles épaisses. Détaillez le chou en lamelles. Ajoutez les carottes dans la casserole, assaisonnez, puis laissez mijoter 20 minutes à couvert. Incorporez le chou à la préparation et prolongez la cuisson de 10 minutes. Servez éventuellement avec des tranches de pain croustillant.

⁕ Par portion : 433 Calories – Protéines : 21 g – Glucides : 34 g – Lipides : 24 g (dont 6 g de graisses saturées) – Fibres : 5 g – Sel : 3,83 g – Sucres ajoutés : 12 g.

Pour une texture plus onctueuse, ôtez le chorizo de la casserole après l'étape 1, mixez la soupe, puis remettez le chorizo en même temps que le chou.

Consommé au chorizo et à la pomme de terre

Pour 6 personnes

Préparation et cuisson : 45 min

- 2 oignons
- 4 gousses d'ail
- 2 ou 3 chorizos
- 200 g de chou frisé
- 4 grosses de pommes de terre
- 3 cuill. à soupe d'huile d'olive
- 1,5 l de bouillon de volaille
- sel et poivre du moulin

1 Pelez les oignons et l'ail, puis hachez le tout. Tranchez les chorizos et coupez le chou en lamelles. Pelez les pommes de terre, puis émincez-les. Mettez 2 cuillerées à soupe d'huile à chauffer dans une grande casserole, puis faites cuire les oignons, l'ail et le chorizo pendant 5 minutes. Incorporez les pommes de terre à la préparation et prolongez la cuisson de quelques minutes. Versez le bouillon dans la casserole, puis assaisonnez. Portez à ébullition et laissez cuire 10 minutes.

2 Écrasez les pommes de terre dans la casserole à l'aide d'un presse-purée, puis portez de nouveau à ébullition. Ajoutez le chou et laissez cuire 5 minutes. Répartissez la soupe dans des bols, arrosez du reste d'huile d'olive, puis servez.

• Par portion : 314 Calories – Protéines : 19 g – Glucides : 30 g – Lipides : 14 g (dont 3 g de graisses saturées) – Fibres : 4 g – Sel : 1,7 g – Sucres ajoutés : 5 g.

Cette soupe peut se conserver deux jours au réfrigérateur ou se congeler à condition de n'ajouter la crème qu'au moment de la réchauffer.

Velouté de poireaux au lard

Pour 4 personnes
Préparation et cuisson : 1 h

- 1 oignon
- 7 tranches de lard
- 25 g de beurre
- 400 g de poireaux
- 3 pommes de terre
- 1,5 l de bouillon de légumes
- 15 cl de crème fraîche épaisse
- sel et poivre du moulin

POUR SERVIR
- pain croustillant grillé

1   Pelez l'oignon et hachez-le avec 3 tranches de lard. Mettez le beurre à fondre dans une grande casserole, puis faites frire l'oignon et le lard en remuant régulièrement, jusqu'à ce qu'ils commencent à dorer. Pendant ce temps, tranchez les poireaux, puis pelez les pommes de terre et coupez-les en dés. Incorporez le tout dans la casserole. Prolongez la cuisson à feu doux 5 minutes à couvert, en remuant régulièrement.

2   Réchauffez le bouillon au micro-ondes, puis versez-le dans la casserole et assaisonnez généreusement. Portez à ébullition et laissez mijoter 20 minutes à couvert. Mettez une poêle antiadhésive à chauffer et faites rissoler le reste du lard, puis réservez.

3   Laissez refroidir la préparation quelques minutes, puis mixez-la avec un robot jusqu'à l'obtention d'une soupe lisse. Versez-la dans la casserole. Incorporez la crème fraîche et rectifiez l'assaisonnement. Servez dans des bols, parsemé du reste de lard frit et accompagné de pain.

• Par portion : 175 Calories – Protéines : 6 g – Glucides : 15 g – Lipides : 11 g (dont 6 g de graisses saturées) – Fibres : 4 g – Sel : 0,68 g – Sucres ajoutés : 5 g.

Pour multiplier les saveurs, utilisez diverses variétés de champignons.

Velouté de champignons

Pour 4 personnes
Préparation et cuisson : 1 h 10

- 25 g de cèpes séchés
- 1 oignon
- 1 gousse d'ail
- 50 g de beurre
- quelques brins de thym
- 400 g de champignons sauvages mélangés
- 85 cl de bouillon de légumes
- 20 cl de crème fraîche épaisse
- 4 tranches de pain blanc

POUR SERVIR
- 1 cuill. à soupe de ciboulette ciselée
- huile de truffe

1   Portez une casserole d'eau à ébullition. Mettez les cèpes dans un saladier et arrosez-les d'eau bouillante. Laissez-les tremper 10 minutes. Pendant ce temps, pelez l'oignon et l'ail, puis hachez le tout. Mettez la moitié du beurre à chauffer dans une casserole. Faites frire l'oignon, l'ail et le thym 5 minutes à feu doux.

2   Égouttez les cèpes et réservez l'eau de trempage. Ajoutez les champignons sauvages et les cèpes dans la casserole, puis laissez cuire 5 minutes. Filtrez l'eau de trempage des cèpes et versez-la dans la casserole avec le bouillon. Portez à ébullition, puis laissez mijoter 20 minutes. Incorporez la crème fraîche à la préparation et prolongez la cuisson de quelques minutes. Mixez la soupe dans un robot, puis filtrez-la à l'aide d'une passoire fine.

3   Réchauffez le velouté dans la casserole. Pendant ce temps, coupez le pain en dés. Mettez le reste du beurre à chauffer dans une poêle, puis faites revenir les morceaux de pain. Égouttez-les sur du papier absorbant. Parsemez le velouté de ciboulette et arrosez d'huile de truffe, puis servez avec les croûtons.

◦ Par portion : 347 Calories – Protéines : 8 g – Glucides : 20 g – Lipides : 27 g (dont 16 g de graisses saturées) – Fibres : 4 g – Sel : 0,89 g – Sucres ajoutés : 5 g.

Si vous ne trouvez pas de feuilles de curry,
incorporez 1 cuillerée à café de pâte de curry à la préparation.

Soupe de carottes aux pois cassés

Pour 4 personnes
Préparation et cuisson : 50 min

- 1 gros oignon
- 2 cuill. à café d'ail écrasé
- 2 cuill. à café de gingembre haché
- 1 cuill. à soupe de pâte de curry
- 420 g de pois cassés en conserve
- 450 g de carottes
- 1,5 l de bouillon de légumes
- 2 cuill. à soupe d'huile végétale
- 24 feuilles de curry
- 2 cuill. à café de graines d'oignon
- 300 g de mélange de légumes chinois
- sel et poivre du moulin

1 Pelez l'oignon et hachez-le. Faites-le griller avec la moitié de l'ail et du gingembre à sec dans une grande casserole antiadhésive pendant 2 minutes. Mouillez avec de l'eau s'ils attachent. Incorporez la pâte de curry et laissez cuire 1 minute. Pendant ce temps, égouttez les pois cassés et râpez les carottes, puis ajoutez-les dans la casserole avec le bouillon. Portez à ébullition et laissez mijoter 25 minutes. Ôtez du feu. Mixez la préparation dans un robot jusqu'à l'obtention d'une soupe lisse, puis versez-la dans la casserole. Assaisonnez et réchauffez la soupe.

2 Mettez l'huile à chauffer dans un wok ou une sauteuse, puis faites frire les feuilles de curry et les graines d'oignon à feu vif jusqu'à ce que les graines sautent dans la casserole. Ajoutez le reste de l'ail et du gingembre, les légumes chinois et faites revenir le tout pendant 2 minutes.

3 Versez la soupe dans quatre bols. Agrémentez de légumes, puis servez aussitôt.

• Par portion : 311 Calories – Protéines : 15 g – Glucides : 42 g – Lipides : 10 g (dont 1 g de graisses saturées) – Fibres : 6 g – Sel : 1,4 g – Pas de sucres ajoutés.

Les pousses de bambou sont fréquemment utilisées dans la cuisine asiatique. En Europe, on les trouve surtout en conserve, au naturel ou au vinaigre.

Soupe Tom Yam aux nouilles

Pour 2 personnes
Préparation et cuisson : 35 min

- 2 échalotes
- 2 gousses d'ail
- 140 g de champignons de Paris
- 1 poivron rouge
- 1 cuill. à soupe d'huile de tournesol
- 2 cuill. à café de pâte de curry rouge
- 85 cl de bouillon de légumes
- 1 cuill. à soupe de sauce soja
- le zeste finement râpé de 1 citron vert non traité
- 100 g de nouilles chinoises aux œufs
- 220 g de pousses de bambou
- 15 g de coriandre
- le jus de 1/2 citron vert

1   Pelez les échalotes et l'ail, puis hachez le tout. Tranchez les champignons. Épépinez le poivron et coupez-le en lamelles. Mettez l'huile à chauffer dans une casserole, puis faites frire les échalotes pendant 4 ou 5 minutes. Ajoutez l'ail, les champignons et le poivron, puis prolongez la cuisson de 3 minutes.

2   Incorporez la pâte de curry à la préparation, puis laissez cuire 1 minute. Versez le bouillon, la sauce soja et parsemez de zeste de citron. Mélangez le tout, puis laissez mijoter 3 ou 4 minutes. Ajoutez les nouilles et prolongez la cuisson de 4 minutes.

3   Pendant ce temps, égouttez les pousses de bambou, puis rincez-les. Effeuillez la coriandre et froissez ses feuilles. Ajoutez les pousses de bambou et les deux tiers de la coriandre, puis laissez cuire 2 minutes. Torsadez les nouilles à l'aide d'une fourchette et d'une cuillère pour former des nids, puis déposez-les dans des bols. Arrosez la soupe de jus de citron vert et répartissez-la dans les bols. Parsemez du reste de coriandre, puis servez.

• Par portion : 393 Calories – Protéines : 15 g – Glucides : 55 g – Lipides : 14 g (dont 1 g de graisses saturées) – Fibres : 7 g – Sel : 2,77 g – Pas de sucres ajoutés.

Cette recette végétarienne est aussi appétissante que consistante !

Velouté de pommes de terre au maïs

Pour 4 personnes
Préparation et cuisson : 40 min

- 2 gros piments rouges
- 3 poivrons rouges
- 1 petit oignon
- 2 gousses d'ail
- 2 cuill. à soupe d'huile d'olive
- 800 g de pommes de terre
- 1,5 l de bouillon de légumes
- 6 oignons nouveaux
- 450 g de maïs surgelé décongelé
- 6 cuill. à soupe de feuilles de coriandre hachées
- 15 cl de crème fraîche épaisse
- sel et poivre du moulin

POUR SERVIR
- pains pitas chauds

1   Préchauffez le gril du four à température maximale. Faites griller les piments et les poivrons de 5 à 10 minutes en les retournant régulièrement. Quand leur peau est légèrement grillée, mettez-les dans un sac congélation, puis laissez-les refroidir. Pelez-les, épépinez-les et hachez-les.

2   Pelez l'oignon et l'ail, puis hachez le tout. Mettez l'huile à chauffer dans une grande casserole. Faites revenir l'oignon pendant 5 minutes. Ajoutez l'ail et prolongez la cuisson de 2 minutes. Pelez les pommes de terre et coupez-les en dés. Versez le bouillon dans la casserole, ajoutez les pommes de terre, puis portez à ébullition et faites mijoter 10 minutes.

3   Laissez légèrement refroidir la préparation. Pendant ce temps, émincez les oignons nouveaux. Mixez les pommes de terre dans la casserole à l'aide d'un mixeur plongeant, puis portez de nouveau à ébullition. Ajoutez le maïs, les piments, les poivrons et les oignons nouveaux. Laissez mijoter 2 minutes, puis incorporez la coriandre et la crème fraîche à la préparation. Assaisonnez et servez avec des pains pitas.

• Par portion : 565 Calories – Protéines : 13 g – Glucides : 68 g – Lipides : 29 g (dont 13 g de graisses saturées) – Fibres : 7 g – Sel : 1,35 g – Pas de sucres ajoutés.

Envie de saveurs lointaines sans quitter votre salon ?
Cuisinez cette soupe aux senteurs mexicaines !

Soupe épicée aux carottes et aux haricots rouges

Pour 4 personnes
Préparation et cuisson : 1 h

- 3 branches de céleri
- 3 ou 4 piments oiseaux
- 1 gros oignon
- 4 gousses d'ail
- 2 carottes
- 2 cuill. à soupe d'huile d'olive
- 2 cuill. à café de coriandre en poudre
- 2 cuill. à café de cumin en poudre
- 2 cuill. à café de piment en poudre
- 25 cl de vin rouge
- 420 g de haricots rouges en conserve
- 1,5 l de bouillon de légumes
- 1 poivron rouge
- 1 poivron jaune
- le zeste et le jus de 2 citrons verts non traités
- 3 cuill. à soupe de persil plat haché
- sel et poivre du moulin

POUR SERVIR
- un peu de mayonnaise
- sauce au piment doux
- quelques brins de persil plat

1 Émincez le céleri. Épépinez les piments, pelez l'oignon, l'ail et les carottes, puis hachez le tout. Mettez l'huile à chauffer dans une casserole, puis faites frire le céleri, les piments, l'oignon, l'ail et les carottes 15 minutes en remuant régulièrement. Ajoutez les épices et prolongez la cuisson de 2 minutes. Versez le vin dans la casserole et laissez bouillir 3 minutes. Égouttez les haricots, rincez-les, puis ajoutez-les dans la casserole avec le bouillon. Portez à ébullition et laissez mijoter 10 minutes à couvert.

2 Épépinez les poivrons, puis hachez-les. Transvasez la moitié du contenu de la casserole dans le bol d'un robot, mixez-la, puis remettez-la dans la casserole avec les poivrons, le zeste et le jus de citron vert et le persil. Portez à ébullition, assaisonnez et laissez mijoter 5 minutes en mélangeant.

3 Répartissez la soupe dans des bols. Agrémentez de mayonnaise et de sauce au piment, garnissez de persil, puis servez.

• Par portion : 407 Calories – Protéines : 13 g – Glucides : 33 g – Lipides : 21 g (dont 3 g de graisses saturées) – Fibres : 9 g – Sel : 2,69 g – Pas de sucres ajoutés.

Cette soupe est parfumée avec de la harissa,
une sauce au piment en vente dans de nombreux commerces.

Soupe marocaine

Pour 4 personnes
Préparation et cuisson : 55 min

- 20 cl d'eau
- 100 g de semoule de couscous
- 2 grosses carottes
- 1 petite aubergine
- 1 grosse pomme de terre
- 2 courgettes
- 2 gros oignons
- 2 gousses d'ail
- 4 cuill. à soupe d'huile d'olive
- 400 g de tomates concassées en conserve
- 2 cuill. à soupe de concentré de tomates
- 1 l de bouillon de légumes
- 3 ou 4 cuill. à café de harissa
- 2 cuill. à soupe de feuilles de menthe hachées
- 2 cuill. à soupe de feuilles de coriandre hachées
- sel et poivre du moulin

POUR SERVIR
- quelques brins de menthe

1 Portez l'eau à ébullition dans une casserole. Versez la semoule dans un saladier, puis arrosez-la d'eau bouillante. Couvrez et laissez gonfler 20 minutes.

2 Pendant ce temps, pelez les carottes, puis émincez-les. Coupez l'aubergine, la pomme de terre et les courgettes en dés de 2 cm de côté. Pelez les oignons et l'ail, puis hachez le tout. Mettez l'huile à chauffer dans une grande casserole. Faites frire les dés d'aubergine 6 minutes en mélangeant régulièrement. Ajoutez les oignons, l'ail, la pomme de terre et les carottes, puis prolongez la cuisson de 3 minutes. Incorporez les tomates, le concentré de tomates et le bouillon à la préparation. Portez à ébullition, puis laissez mijoter de 15 à 20 minutes en remuant régulièrement. Ajoutez les courgettes et la harissa, puis prolongez la cuisson de 5 minutes en continuant de remuer.

3 Égrainez la semoule à l'aide d'une fourchette. Assaisonnez, incorporez la menthe et la coriandre à la préparation, puis répartissez la soupe dans des assiettes creuses. Ajoutez la semoule, garnissez de quelques brins de menthe, puis servez.

• Par portion : 327 Calories – Protéines : 8 g – Glucides : 40 g – Lipides : 16 g (dont 2 g de graisses saturées) – Fibres : 5 g – Sel : 1,04 g – Pas de sucres ajoutés.

Mangez des légumes secs en hiver, ils sont riches en glucides et en protéines !

Soupe de légumes secs à la toscane

Pour 6 personnes
Préparation et cuisson : 45 min

- 200 g de blé (de type Ébly®)
- 2 brins de romarin
- 3 gousses d'ail
- 840 g de légumes secs en conserve
- 420 g de pois chiches
- 2 cuill. à soupe d'huile d'olive
- 15 cl de vin blanc sec
- 400 g de tomates concassées en conserve
- 30 cl de bouillon de légumes
- 175 g de chou de Savoie
- sel et poivre du moulin

POUR LES CROÛTONS
- 2 gousses d'ail
- 3 cuill. à soupe d'huile d'olive
- 2 cuill. à soupe de feuilles de thym
- 6 fines tranches de baguettes coupées en biseau

1   Portez une casserole d'eau à ébullition et faites cuire le blé pendant 15 minutes. Rincez-le à l'eau froide, puis égouttez-le. Pendant ce temps, effeuillez le romarin. Pelez l'ail, puis écrasez-le. Égouttez les légumes secs, les pois chiches et rincez le tout. Mettez l'huile à chauffer dans une grande casserole, puis faites frire le romarin et l'ail pendant 2 minutes. Versez le vin dans la casserole et laissez mijoter 2 minutes. Ajoutez la moitié des légumes secs et des pois chiches, les tomates, puis portez à ébullition. Ôtez du feu, mixez, puis ajoutez le reste des légumes secs et des pois chiches, le bouillon et le blé. Faites cuire à feu doux 8 minutes en remuant.

2   Préparez les croûtons. Pilez l'ail. Dans une casserole, faites chauffer l'huile avec le thym et l'ail 2 minutes à feu doux, puis badigeonnez-en les tranches de baguette. Préchauffez un gril à sec et faites griller brièvement les tranches de pain.

3   Portez une casserole d'eau salée à ébullition. Émincez le chou, faites-le cuire 1 minute dans l'eau bouillante, puis égouttez-le. Répartissez la soupe dans des bols chauds et servez avec du chou et des croûtons.

• Par portion : 502 Calories – Protéines : 20 g – Glucides : 68 g – Lipides : 17 g (dont 2 g de graisses saturées) – Fibres : 13 g – Sel : 2,32 g – Sucres ajoutés : 0,1 g.

Cette soupe est encore meilleure quand elle est préparée la veille et réchauffée juste avant de passer à table.

Potage de légumes aux pois chiches

Pour 8 personnes
Préparation et cuisson : 1 h 25

- 3 poireaux
- 2 oignons blancs
- 1 grosse carotte
- 2 branches de céleri
- 5 cuill. à soupe d'huile d'olive
- 2 gousses d'ail
- 1 piment rouge
- 2 tomates
- le zeste finement râpé et le jus de 1 orange non traitée
- 1 cuill. à café de sucre en poudre
- 400 g de pois chiches en conserve
- 2,5 l de bouillon de légumes
- 1 brin de romarin
- 1 feuille de laurier
- 250 g d'orge perlé (dans les magasins d'alimentation biologique)
- sel et poivre du moulin

POUR SERVIR
- fromage râpé
- pain croustillant

1   Émincez les poireaux en rondelles de 2 cm. Pelez les oignons et la carotte, puis hachez grossièrement le tout avec le céleri. Réunissez l'ensemble dans une grande casserole avec l'huile d'olive. Faites cuire à feu doux 5 minutes à couvert en remuant régulièrement. Pendant ce temps, pelez l'ail, épépinez le piment, puis écrasez le tout. Hachez grossièrement les tomates. Ajoutez l'ail, le piment, le zeste d'orange et le sucre dans la casserole, puis prolongez la cuisson de 1 minute. Incorporez les tomates à la préparation et arrosez de jus d'orange.

2   Rincez les pois chiches, égouttez-les, puis ajoutez-les dans la casserole avec le bouillon, le romarin et la feuille de laurier. Portez à ébullition et laissez mijoter 20 minutes. Ajoutez l'orge et prolongez la cuisson de 40 minutes. Assaisonnez et parsemez de fromage râpé, puis servez avec du pain.

• Par portion : 267 Calories – Protéines : 8 g – Glucides : 41 g – Lipides : 9 g (dont 1 g de graisses saturées) – Fibres : 4 g – Sel : 1,24 g – Sucres ajoutés : 1 g.

Ce bouillon rustique pauvre en graisse
mais copieux est excellent pour la santé !

Consommé de jambonneau aux légumes de printemps

Pour 4 personnes
Préparation et cuisson : 2 h 10
Trempage du jambon : 12 h

- 450 g de jambonneau fumé
- 2 oignons
- 2 feuilles de laurier
- 1,5 d'eau
- 2 grosses pommes de terre
- 200 g de jeune chou
- 400 g de haricots blancs en conserve
- 2 cuill. à café de paprika
- sel et poivre du moulin

1 La veille, mettez le jambonneau à tremper dans un récipient d'eau froide.

2 Le jour même, pelez les oignons, puis émincez-les. Égouttez le jambonneau et réunissez le tout dans une grande casserole avec les feuilles de laurier et l'eau. Ajoutez de l'eau, si nécessaire, pour couvrir le jambonneau. Portez à ébullition et laissez mijoter 1 heure 30 à feu doux.

3 Pendant ce temps, pelez les pommes de terre, hachez-les grossièrement, puis émincez le chou. Égouttez les haricots et rincez-les. Retirez le jambonneau de la casserole et réservez le jus de cuisson. Laissez le jambonneau refroidir légèrement, puis coupez-le en lamelles. Mettez-les dans la casserole avec le jus réservé, le paprika, les pommes de terre et laissez mijoter 20 minutes à couvert. Incorporez le chou et les haricots à la préparation, puis prolongez la cuisson de 10 minutes. Assaisonnez, puis servez.

• Par portion : 350 Calories – Protéines : 30 g – Glucides : 32 g – Lipides : 12 g (dont 4 g de graisses saturées) – Fibres : 7 g – Sel : 3,33 g – Sucres ajoutés : 4 g.

Excellent pour la santé, le chou-fleur est riche en soufre,
en fer et en vitamines. Cette soupe orangée est tout indiquée
pour célébrer Halloween.

Velouté de chou-fleur au fromage

Pour 6 personnes
Préparation et cuisson : 50 min

- 1 gros oignon
- 900 g de chou-fleur
- 1 pomme de terre
- 1 noix de beurre
- 70 cl de bouillon de légumes
- 40 cl de lait
- 100 g de cheddar ou de gruyère
- sel et poivre du moulin

1 Pelez l'oignon et hachez-le. Détaillez le chou-fleur en bouquets. Pelez la pomme de terre et coupez-la en gros morceaux. Mettez le beurre à chauffer dans une grande casserole, puis faites cuire l'oignon 5 minutes en remuant régulièrement. Ajoutez le chou-fleur, la pomme de terre, le bouillon, le lait, du sel et du poivre dans la casserole. Portez à ébullition, baissez le feu, puis laissez mijoter 30 minutes.

2 Mixez la préparation jusqu'à l'obtention d'un velouté. Réchauffez la préparation, puis répartissez-la dans des bols ou des tasses. Coupez le fromage en dés, parsemez-en la soupe, remuez et servez.

• Par portion : 188 Calories – Protéines : 13 g – Glucides : 13 g – Lipides : 10 g (dont 5 g de graisses saturées) – Fibres : 3 g – Sel : 0,82 g – Sucres ajoutés : 9 g.

Profitez de l'automne pour préparer cette soupe
avec des champignons frais, dont la saveur se marie à merveille
avec celle des châtaignes.

Velouté de champignons et de châtaignes

Pour 4 personnes
Préparation et cuisson : 40 min

- 1 oignon
- 1 gousse d'ail
- 2 cuill. à soupe d'huile d'olive
- 375 g de champignons mélangés
(gros champignons de Paris, shiitakés,
pleurotes et rosés des prés)
- 15 g de thym
- 450 g de purée de châtaignes
- 1 l de bouillon de légumes
- 2 cuill. à soupe de xérès (facultatif)
- sel et poivre du moulin

POUR SERVIR
- 4 cuill. à soupe de crème aigre
(ou de crème fraîche additionnée
de quelques gouttes de jus de citron)
- 4 brins de thym

1   Pelez l'oignon et l'ail, puis hachez le tout.
Mettez l'huile à chauffer dans une casserole
et faites frire l'oignon pendant 3 minutes. Ajoutez
l'ail et prolongez la cuisson de 2 minutes. Émincez
les champignons, mettez-les dans la casserole,
puis laissez rissoler le tout 4 minutes en remuant
régulièrement. Réservez la moitié des champignons
dans une assiette.

2   Ajoutez le thym dans la casserole avec la purée
de châtaignes et le bouillon. Portez à ébullition
et laissez mijoter de 10 à 15 minutes à couvert.
Ôtez du feu, puis mixez la préparation.

3   Réservez 4 cuillerées à soupe des
champignons mis de côté, puis incorporez
les autres à la préparation, éventuellement
avec le xérès. Faites cuire à feu doux en remuant.
Assaisonnez selon votre goût, puis répartissez
la soupe dans des bols. Ajoutez le reste
des champignons avec 1 cuillerée à soupe
de crème aigre et 1 brin de thym. Poivrez,
puis servez.

• Par portion : 323 Calories – Protéines : 6 g –
Glucides : 44 g – Lipides : 14 g (dont 4 g de graisses
saturées) – Fibres : 6 g – Sel : 0,91 g – Sucres ajoutés : 0,1 g.

Cette soupe économique préparée avec des aliments du placard est riche en vitamine C.

Soupe de pâtes à la tomate

Pour 4 personnes
Préparation et cuisson : 45 min

- 1 oignon rouge
- 1 piment rouge
- 1 cuill. à soupe d'huile d'olive
- 800 g de tomates olivettes
- 1 l de bouillon de légumes
- 100 g de spaghettis
- 1 grosse poignée de feuilles de basilic ou 1 cuill. à soupe de pesto
- 4 cuill. à soupe d'olives noires dénoyautées
- 2 cuill. à soupe de câpres hachées

POUR SERVIR
- 1 filet d'huile d'olive
- bouchées feuilletées prêtes à l'emploi
- mélange de salades

1 Pelez l'oignon et hachez-le. Épépinez le piment, puis émincez-le. Mettez 1 cuillerée à soupe d'huile à chauffer dans une grande casserole à fond épais. Faites cuire l'oignon et le piment pendant 10 minutes, puis ajoutez les tomates en les écrasant légèrement à l'aide d'une cuillère. Versez le bouillon dans la casserole. Couvrez, portez à ébullition et laissez mijoter 5 minutes à découvert.

2 Cassez les spaghettis, ajoutez-les dans la casserole et laissez mijoter de 6 à 8 minutes. Froissez les feuilles de basilic, puis incorporez-les à la préparation avec les olives et les câpres. Arrosez d'un filet d'huile d'olive et servez avec des bouchées feuilletées garnies de salade.

• Par portion : 218 Calories – Protéines : 7 g – Glucides : 29 g – Lipides : 9 g (dont 1 g de graisses saturées) – Fibres : 5 g – Sel : 1,20 g – Sucres ajoutés : 10 g.

Utilisez une demi-boîte de haricots rouges en conserve
et une demi-boîte de haricots blancs en conserve
à défaut de haricots mélangés.

Velouté de carottes aux haricots

Pour 4 personnes
Préparation et cuisson : 50 min

- 2 oignons
- 450 g de carottes
- 2 cuill. à soupe d'huile d'olive
- 1 cuill. à soupe de *garam masala* (mélange d'épices indien)
- 1 morceau de gingembre de 5 cm
- le jus de 1 orange
- 1 l de bouillon de légumes
- 20 cl de lait de coco allégé
- 410 g de haricots mélangés en conserve

POUR SERVIR
- 2 cuill. à soupe de coriandre hachée
- *naan* (pains indiens)

1 Épluchez les oignons, puis émincez-les. Pelez les carottes et hachez-les grossièrement. Mettez l'huile à chauffer dans une grande casserole, puis faites revenir les oignons et les carottes à feu doux pendant 15 minutes. Ajoutez le garam masala, le gingembre et prolongez la cuisson de 1 minute.

2 Versez le jus d'orange et le bouillon dans la casserole. Portez à ébullition, puis laissez mijoter 10 minutes. Incorporez le lait de coco à la préparation et mixez à l'aide d'un mixeur plongeant jusqu'à l'obtention d'une soupe lisse. Égouttez les haricots, rincez-les, puis ajoutez-les dans la casserole. Portez à petite ébullition, parsemez de coriandre et servez avec des naan.

Par portion : 261 Calories – Protéines : 9 g – Glucides : 31 g – Lipides : 13 g (dont 5 g de graisses saturées) – Fibres : 9 g – Sel : 1,15 g – Sucres ajoutés : 17 g.

La Marmite est une pâte à tartiner anglaise à base de levure.
D'un goût prononcé, elle peut aussi être étalée sur des toasts.

Soupe aux oignons et toasts au fromage de chèvre

Pour 4 personnes
Préparation et cuisson : 1 h 25

- 800 g d'oignons
- 4 cuill. à soupe d'huile d'olive
- 1 l de bouillon de légumes
- 1 cuill. à soupe de moutarde à l'ancienne
- 1 cuill. à café de Marmite (dans les épiceries anglo-saxonnes)
- 1 poignée de persil
- 8 tranches de pain épaisses
- 100 g de fromage de chèvre
- sel et poivre du moulin

1 Préchauffez le four à 180 °C (therm. 6). Pelez les oignons, puis émincez-les. Disposez-les dans un plat à rôtir avec l'huile, du sel et du poivre. Remuez, puis enfournez pour 45 minutes en mélangeant à mi-cuisson.

2 Transférez les oignons dans une grande casserole. Ajoutez le bouillon, la moutarde et la Marmite. Portez à ébullition, laissez mijoter 15 minutes, puis ciselez le persil et incorporez-le à la préparation.

3 Mettez 4 tranches de pain à toaster dans le grille-pain. Coupez le fromage en dés, puis parsemez-en les toasts. Répartissez la soupe dans des bols et servez avec les toasts au fromage et le reste du pain.

• Par portion : 454 Calories – Protéines : 15 g – Glucides : 62 g – Lipides : 18 g (dont 5 g de graisses saturées) – Fibres : 6 g – Sel : 2,33 g – Sucres ajoutés : 16 g.

L'épeautre est une variété de blé. Longtemps oublié, il revient aujourd'hui au premier plan dans nos cuisines, au même titre que le boulgour.

Bouillon de légumes à l'épeautre

Pour 4 personnes
Préparation et cuisson : 1 h 10

- 50 g de pancetta
- 1 oignon
- 1 cuill. à soupe d'huile d'olive
- 1 feuille de laurier
- 1 gousse d'ail
- 1 l de bouillon de légumes
- 1 petite poignée de cèpes séchés
- 2 tomates
- 140 g d'épeautre ou de farro perlé
- 6 à 8 champignons de Paris
- sel et poivre du moulin

POUR SERVIR
- 1 cuill. à soupe de persil plat ciselé
- 2 cuill. à soupe de parmesan râpé

1 Coupez la pancetta en dés. Pelez l'oignon et hachez-le. Mettez l'huile à chauffer dans une casserole, puis faites frire la pancetta pendant 3 minutes. Ajoutez la feuille de laurier et l'oignon. Laissez cuire à feu doux jusqu'à ce que l'oignon soit translucide. Pendant ce temps, pilez l'ail, incorporez-le à la préparation et prolongez la cuisson de quelques secondes. Versez le bouillon dans la casserole, puis portez à ébullition.

2 Émiettez les cèpes séchés au-dessus de la casserole. Pelez les tomates, épépinez-les et coupez-les en dés. Rincez l'épeautre, égouttez-le, puis ajoutez-le dans la casserole avec les tomates. Laissez mijoter à feu doux de 25 à 30 minutes.

3 Coupez les champignons de Paris en quatre. Incorporez-les à la préparation et prolongez la cuisson de 10 minutes. Assaisonnez, puis répartissez la soupe dans des assiettes creuses. Parsemez de persil et de parmesan, puis servez.

Par portion : 220 Calories – Protéines : 10 g – Glucides : 30 g – Lipides : 8 g (dont 2 g de graisses saturées) – Fibres : 4 g – Sel : 1,30 g – Sucres ajoutés : 8 g.

Riche en fibres et en potassium, le panais se récolte en automne et en hiver. Cette soupe épicée peut se conserver 3 mois au congélateur.

Velouté de panais aux épices

Pour 6 personnes
Préparation et cuisson : 1 h 10

- 1 oignon
- 2 gousses d'ail
- 1 morceau de gingembre de 5 cm
- 1 noix de beurre
- 6 gros panais
- 1 cuill. à café de graines de cumin
- 1 cuill. à café de graines de coriandre
- 2 gousses de cardamome
- 1 cuill. à soupe de *garam masala* (mélange d'épices indien)
- 1,5 l de bouillon de légumes
- 15 cl de crème fraîche épaisse

POUR SERVIR
- 1 filet d'huile d'olive
- 1 cuill. à café de graines de cumin grillées
- les rondelles de 1 piment rouge
- quelques brins de coriandre

1 Pelez l'oignon, l'ail et le gingembre, puis émincez le tout. Mettez le beurre à chauffer dans une grande casserole et faites revenir l'oignon pendant quelques minutes. Ajoutez l'ail et le gingembre, puis prolongez la cuisson de 1 minute. Pelez les panais et hachez-les. Incorporez-les à la préparation avec les épices, puis laissez cuire quelques minutes.

2 Versez le bouillon dans la casserole et laissez mijoter 30 minutes. Ajoutez presque toute la crème fraîche, portez à ébullition, puis ôtez du feu.

3 Mixez la soupe à l'aide d'un mixeur plongeant jusqu'à ce qu'elle soit lisse et répartissez-la dans des assiettes creuses. Arrosez la soupe du reste de la crème fraîche et d'un filet d'huile d'olive. Parsemez de graines de cumin, ajoutez quelques rondelles de piment, un brin de coriandre par assiette, puis servez.

• Par portion : 261 Calories – Protéines : 5 g – Glucides : 28 g – Lipides : 15 g (dont 7 g de graisses saturées) – Fibres : 9 g – Sel : 0,58 g – Sucres ajoutés : 13 g.

La carapace des crevettes accentue le goût de fruit de mer de cette soupe qu'il est possible de préparer la veille et de conserver au frais.

Bisque de crevettes à la tomate

Pour 8 personnes
Préparation et cuisson : 1 h 25

- 450 g de grosses crevettes crues
- 4 cuill. à soupe d'huile d'olive
- 1 gros oignon
- 2 carottes
- 1 gros bulbe de fenouil
- 15 cl de vin blanc sec
- 1 cuill. à soupe de cognac
- 400 g de tomates concassées en conserve
- 1 l de bouillon de poisson
- 2 bonnes pincées de paprika
- 15 cl de crème fraîche épaisse
- 1 noix de beurre
- 8 grosses crevettes cuites décortiquées en conservant l'éventail de l'extrémité
- poivre du moulin

1 Décortiquez les crevettes, puis mettez leur carapace dans une grande casserole avec l'huile et faites-les frire pendant 5 minutes. Pelez l'oignon et les carottes. Ciselez les frondes du fenouil et réservez-les. Hachez l'oignon et les carottes avec le bulbe de fenouil, puis ajoutez le tout dans la casserole et faites cuire 10 minutes. Arrosez de vin et de cognac. Portez à ébullition, puis laissez bouillir 1 minute. Incorporez les tomates, le bouillon et le paprika à la préparation. Laissez mijoter 30 minutes à couvert. Pendant ce temps, hachez la chair des crevettes.

2 Mixez le contenu de la casserole à l'aide d'un robot, puis filtrez la soupe dans une passoire au-dessus d'une autre casserole. Ajoutez la chair des crevettes, laissez cuire 10 minutes et mixez de nouveau. Incorporez la crème fraîche à la préparation et réchauffez à feu doux.

3 Mettez une poêle à chauffer et laissez fondre le beurre, puis faites frire les 8 crevettes cuites. Répartissez la soupe dans des tasses. Ajoutez une crevette frite et quelques frondes de fenouil, poivrez, puis servez.

* Par portion : 120 Calories – Protéines : 7 g – Glucides : 7 g – Lipides : 6 g (dont 1 g de graisses saturées) – Fibres : 3 g – Sel : 1,17 g – Sucres ajoutés : 6 g.

Le céleri-rave est cultivé pour sa racine dont la chair, très digeste, se mange aussi bien crue que cuite.

Crème de céleri-rave au haddock fumé

Pour 6 personnes
Préparation et cuisson : 50 min

- 1 oignon
- 1 poireau
- 1 tête d'ail
- 50 g de beurre
- quelques brins de thym
- 4 feuilles de laurier
- 1 céleri-rave
- 2 pommes de terre
- 1 l de bouillon de volaille
- 50 cl de lait
- 2 filets de haddock fumé sans la peau
- 50 cl de crème fraîche épaisse

POUR SERVIR
- quelques feuilles de thym

1 Épluchez l'oignon et hachez-le. Émincez le poireau. Pelez la tête d'ail et coupez-la en deux. Mettez une poêle à chauffer et laissez fondre le beurre, puis faites suer l'oignon avec le poireau, l'ail, le thym et 2 feuilles de laurier. Pelez le céleri-rave et les pommes de terre. Coupez le tout en dés, puis ajoutez-les dans la poêle. Laissez cuire 10 minutes en remuant régulièrement. Arrosez de bouillon et portez à ébullition, puis prolongez la cuisson de 20 minutes à feu doux.

2 Pendant ce temps, réunissez les feuilles de laurier restantes et le lait dans une sauteuse. Portez à ébullition, faites mijoter à feu doux, puis déposez le haddock dans le lait. Couvrez de papier sulfurisé et laissez cuire 4 minutes. Transférez le haddock dans un saladier, émiettez-le, puis couvrez.

3 Incorporez la crème fraîche à la préparation dans la poêle. Portez à ébullition et arrêtez le feu. Ôtez l'ail, le thym et le laurier, puis mixez le tout. Parsemez de haddock, ajoutez quelques feuilles de thym et servez.

• Par portion : 636 Calories – Protéines : 22 g – Glucides : 16 g – Lipides : 54 g (dont 30 g de graisses saturées) – Fibres : 6 g – Sel : 1,87 g – Sucres ajoutés : 9 g.

Mettez l'Italie à l'honneur en cuisinant amoureusement
ce velouté méditerranéen.

Velouté de tomates au pesto

Pour 4 personnes
Préparation et cuisson : 25 min

• 2 gousses d'ail
• 15 g de beurre ou 1 cuill. à soupe
d'huile d'olive
• 5 tomates séchées au soleil à l'huile
• 1,5 kg de tomates concassées
en conserve
• 50 cl de bouillon de légumes
• 1 cuill. à café de sucre en poudre
• 15 cl de crème aigre
(ou crème fraîche additionnée
de quelques gouttes de jus de citron)
• sel et poivre du moulin

POUR SERVIR
• 125 g de pesto
• quelques feuilles de basilic

1 Pelez l'ail, puis écrasez-le. Mettez une poêle à chauffer et laissez fondre le beurre. Faites revenir l'ail à feu doux pendant quelques minutes. Hachez grossièrement les tomates séchées, puis ajoutez-les dans la casserole avec les tomates concassées, le bouillon, le sucre, du sel et du poivre. Portez à petite ébullition et laissez bouillonner 10 minutes.

2 Mixez la soupe à l'aide d'un mixeur plongeant en ajoutant progressivement la moitié de la crème aigre. Goûtez, puis ajoutez du sucre, si nécessaire. Versez la soupe dans les bols et décorez chaque bol d'une spirale de pesto. Ajoutez le reste de la crème aigre, parsemez de basilic, puis servez.

• Par portion : 213 Calories – Protéines : 8 g –
Glucides : 14 g – Lipides : 14 g (dont 7 g de graisses
saturées) – Fibres : 4 g – Sel : 1,15 g – Sucres ajoutés : 13 g.

La livèche, dont la saveur rappelle celle du céleri, peut être remplacée par de la menthe. Cette soupe délicieuse est aussi bonne chaude que froide.

Potage de petits pois à la livèche

Pour 8 personnes
Préparation et cuisson : 30 min

- 2,5 kg de petits pois non écossés ou 900 g de petits pois écossés
- 175 g d'oignons nouveaux
- 1 gousse d'ail
- 100 g de beurre
- 1,5 l de bouillon de légumes
- 100 g de crème fraîche
- 1 botte de livèche (environ 10 brins) ou 1 petit bouquet de menthe
- sel et poivre du moulin

POUR SERVIR
- pain à l'olive

1 Réservez 8 cosses de petits pois, puis écossez le reste. Pelez les oignons, l'ail et hachez le tout. Mettez une poêle à chauffer et faites fondre le beurre. Laissez revenir les oignons et l'ail à feu doux pendant 5 minutes à couvert. Versez le bouillon dans la casserole et portez à ébullition. Ajoutez les petits pois et les cosses entières, puis laissez mijoter 2 ou 3 minutes.

2 Retirez les cosses de la casserole, rafraîchissez-les sous l'eau froide et réservez-les. Incorporez la crème fraîche à la préparation, puis ajoutez la livèche et mixez à l'aide d'un mixeur plongeant jusqu'à l'obtention d'une soupe lisse. Assaisonnez selon votre goût. Laissez refroidir, puis réservez au réfrigérateur si vous souhaitez servir la soupe froide. Si vous la servez chaude, réchauffez-la à feu doux sans laisser bouillir.

3 Répartissez le potage dans des assiettes creuses. Ajoutez les cosses entières de petits pois et servez avec des toasts de pain à l'olive.

• Par portion : 251 Calories – Protéines : 9 g – Glucides : 16 g – Lipides : 17 g (dont 10 g de graisses saturées) – Fibres : 7 g – Sel : 0,25 g – Sucres ajoutés : 5 g.

Peu énergétique, riche en eau et en fibres,
le potiron est excellent pour la santé !

Velouté de potiron

Pour 6 personnes
Préparation et cuisson : 45 min

• 2 oignons
• 4 cuill. à soupe d'huile d'olive
• 1 kg de potiron
• 70 cl de bouillon de légumes
ou de volaille
• 15 cl de crème fraîche épaisse
• 4 tranches de pain complet
aux céréales
• 1 poignée de graines de potiron
• sel et poivre du moulin

POUR SERVIR
• 1 filet d'huile d'olive

1 Pelez les oignons et hachez-les. Versez
2 cuillerées à soupe d'huile dans une casserole
et faites revenir les oignons 5 minutes, sans
les laisser brunir. Pendant ce temps, pelez
le potiron, épépinez-le, puis coupez-le en gros
morceaux. Ajoutez les morceaux de potiron
et prolongez la cuisson de 8 à 10 minutes
en remuant régulièrement.

2 Versez le bouillon dans la casserole,
assaisonnez et portez à ébullition. Laissez mijoter
10 minutes, puis incorporez la crème fraîche
à la préparation. Portez de nouveau à ébullition
et mixez à l'aide d'un mixeur plongeant jusqu'à
l'obtention d'une soupe lisse.

3 Coupez le pain en dés. Mettez le reste de l'huile
à chauffer dans une poêle, puis faites frire
les morceaux de pain. Ajoutez les graines
de potiron dans la poêle et prolongez la cuisson
de quelques minutes. Répartissez la soupe dans
des assiettes creuses. Parsemez de croûtons
et de graines grillées. Arrosez d'un filet d'huile
d'olive, puis servez.

• Par portion : 317 Calories – Protéines : 6 g –
Glucides : 20 g – Lipides : 24 g (dont 9 g de graisses
saturées) – Fibres : 4 g – Sel : 0,54 g – Sucres ajoutés : 6 g.

Les graines de nigelle apportent une saveur poivrée
et une texture croustillante à cette soupe.
Si vous n'en trouvez pas, utilisez des graines de cumin.

Mouliné de courge aux saint-jacques

Pour 4 personnes
Préparation et cuisson : 45 min

- 1 oignon
- 2 cuill. à soupe d'huile d'olive
- 800 g de courge
- 1 pomme de terre
- 2 cuill. à café de graines de nigelle
- 2 pincées de piment en poudre
- 85 cl de bouillon de légumes
- 1 petit bouquet de persil plat
- 24 petites noix de saint-jacques

POUR SERVIR
- 4 brins de persil plat

1   Pelez l'oignon et hachez-le. Mettez la moitié de l'huile à chauffer dans une sauteuse, puis faites frire l'oignon quelques minutes. Pendant ce temps, pelez la courge, épépinez-la, puis coupez-la en gros morceaux. Pelez la pomme de terre et détaillez-la en dés. Mettez les graines de nigelle et 1 pincée de piment en poudre dans la sauteuse, puis laissez frire 1 minute. Ajoutez les morceaux de légumes et arrosez de bouillon. Portez à ébullition, remuez et laissez mijoter 20 minutes à couvert.

2   Transvasez la préparation dans le bol d'un robot et mixez en incorporant progressivement le persil. Remettez la soupe dans la sauteuse et réchauffez-la à feu doux.

3   Versez le reste de l'huile dans une poêle. Ajoutez les noix de saint-jacques, parsemez-les du reste de piment et faites-les brièvement rissoler de chaque côté. Servez la soupe dans des assiettes creuses avec les noix de saint-jacques, le tout agrémenté d'un brin de persil.

• Par portion : 181 Calories – Protéines : 5 g – Glucides : 27 g – Lipides : 7 g (dont 1 g de graisses saturées) – Fibres : 5 g – Sel : 0,31 g – Sucres ajoutés : 13 g.

Pour les moules à la crème, faites fondre 2 cuill. à café de beurre
dans 40 cl de crème fraîche. Incorporez le mélange aux moules
et à leur jus de cuisson alors qu'ils sont encore dans le récipient de cuisson.

Soupe de poisson aux moules

Pour 4 personnes
Préparation et cuisson : 25 min

- 500 g de pommes de terre farineuses
(de type bintje)
- 500 g de moules à la crème
- 1 l de bouillon de poisson
- 200 g de poisson mélangés
sans la peau
- 1 petit bouquet de persil plat
- sel et poivre du moulin

POUR SERVIR
- pain croustillant

1 Pelez les pommes de terre et coupez-les
en dés de 1 cm de côté. Égouttez les moules
dans une passoire au-dessus d'une grande
casserole, puis réservez-les. Réchauffez le bouillon
et versez-le dans la casserole. Ajoutez les dés
de pomme de terre, puis couvrez. Portez
à ébullition et laissez mijoter 12 minutes à découvert.

2 Pendant ce temps, coupez le poisson
en gros morceaux. Incorporez-les à la soupe
avec les moules et laissez mijoter 3 minutes.
Ciselez le persil, puis ajoutez-en les trois quarts
à la préparation et mélangez le tout. Répartissez
la soupe dans des bols. Parsemez du reste
du persil et servez avec du pain croustillant.

Par portion : 185 Calories – Protéines : 22 g –
Glucides : 8 g – Lipides : 7 g (dont 3 g de graisses
saturées) – Fibres : 1 g – Sel : 3,45 g – Sucres ajoutés : 1 g.

Servez cette soupe en guise d'entrée légère. Les feuilletés au fromage et aux noix de cajou sont également délicieux à l'apéritif.

Soupe de cresson et feuilletés au fromage

Pour 6 personnes
Préparation et cuisson : 40 min

- 1 gros oignon
- 25 g de beurre
- 1 grosse pomme de terre
- 45 cl de lait
- 60 cl de bouillon de volaille
- 170 g de cresson prêt à l'emploi
- sel et poivre du moulin

POUR LES FEUILLETÉS AU FROMAGE
- 210 g de pâte feuilletée prête à l'emploi
- 1 filet de lait
- 50 g de bleu
- 50 g de noix de cajou

1   Préchauffez le four à 220 °C (therm. 7-8) et graissez une plaque de cuisson. Préparez les feuilletés au fromage. Étalez la pâte feuilletée et badigeonnez-la de lait. Émiettez le fromage et hachez les noix de cajou, puis répartissez le tout sur la moitié de la pâte. Repliez la pâte sur la garniture. Appuyez sur le dessus et détaillez la pâte en 16 à 18 lamelles. Disposez-les sur la plaque de cuisson en les torsadant et en les espaçant légèrement. Enfournez pour 10 minutes. Transférez les feuilletés sur une grille, puis laissez-les refroidir.

2   Pelez l'oignon et hachez-le. Mettez le beurre à chauffer dans une grande casserole, puis faites frire l'oignon pendant 5 minutes. Épluchez la pomme de terre et coupez-la en dés. Ajoutez-les dans la casserole avec le lait et le bouillon. Portez à ébullition, assaisonnez, puis laissez mijoter 10 minutes à couvert.

3   Versez la préparation dans le bol d'un robot et ajoutez le cresson. Mixez jusqu'à l'obtention d'une soupe lisse. Réchauffez-la dans la casserole, puis servez dans des tasses accompagné des feuilletés au fromage.

• Par portion : 321 Calories – Protéines : 10 g – Glucides : 27 g – Lipides : 20 g (dont 8 g de graisses saturées) – Fibres : 2 g – Sel : 1,06 g – Pas de sucres ajoutés.

La gremolata est une sauce italienne souvent servie avec l'osso-buco.
Elle est aussi utilisée comme assaisonnement pour la viande de veau.

Potage de céleri-rave
à l'orange

Pour 6 personnes
Préparation et cuisson : 1 h

- 1 gros oignon
- 2 cuill. à soupe d'huile d'olive
- 600 g de céleri-rave
- 600 g de pommes de terre
- 1,5 l de bouillon de légumes
- 1 cuill. à café de pistils de safran
- le jus et le zeste de 2 oranges non traitées
- sel et poivre du moulin

POUR LA GREMOLATA
- 1 gousse d'ail
- 1 cuill. à café de gros sel
- 1 poignée de feuilles de persil plat
- 2 cuill. à soupe d'huile d'olive

POUR SERVIR
- 1 filet d'huile d'olive

1   Pelez l'oignon et hachez-le. Mettez l'huile à chauffer dans une grande casserole et faites frire l'oignon pendant 3 ou 4 minutes. Épluchez le céleri-rave et les pommes de terre, puis coupez-les en gros morceaux. Ajoutez-les dans la casserole et prolongez la cuisson de 10 minutes à couvert en remuant régulièrement. Versez le bouillon dans la casserole. Incorporez le safran, le jus et la moitié du zeste d'orange à la préparation. Portez à ébullition, puis laissez mijoter 20 minutes. Transvasez le tout dans le bol d'un robot et mixez jusqu'à l'obtention d'une soupe onctueuse. Versez-la dans la casserole et assaisonnez selon votre goût.

2   Préparez la gremolata. Pilez l'ail dans un mortier avec le gros sel. Ajoutez le persil, 2 cuillerées à soupe d'huile et pilez jusqu'à l'obtention d'une pâte lisse. Réchauffez la soupe, puis répartissez-la dans des bols. Ajoutez la gremolata et parsemez du reste du zeste d'orange. Arrosez d'un filet d'huile, puis servez.

• Par portion : 209 Calories – Protéines : 5 g –
Glucides : 24 g – Lipides : 11 g (dont 1 g de graisses
saturées) – Fibres : 5 g – Sel : 1,9 g – Pas de sucres ajoutés.

Plus savoureux que le navet, le panais n'a pas besoin d'être pelé.

Soupe de légumes-racines aux oignons frits

Pour 4 personnes
Préparation et cuisson : 1 h

- 2 oignons
- 3 cuill. à soupe d'huile végétale
- 1 cuill. à café de graines de moutarde
- 1 cuill. à café de graines de cumin
- 3 carottes
- 2 pommes de terre
- 2 poireaux
- 2 panais
- 2 ou 3 cuill. à café de pâte de curry
- 1,5 l de bouillon de légumes
- 250 g de yaourt nature

POUR SERVIR
- coriandre ou persil haché

1 Pelez les oignons, coupez-les en deux dans la hauteur, puis émincez-les dans la longueur. Mettez 2 cuillerées à soupe d'huile à chauffer dans une grande casserole et faites frire la moitié des oignons. Ajoutez les graines de moutarde et de cumin, puis prolongez la cuisson de quelques minutes.

2 Pelez les carottes et les pommes de terre. Émincez les poireaux et les carottes, puis hachez les pommes de terre et les panais. Incorporez le tout dans la casserole avec la pâte de curry. Versez le bouillon dans la casserole, puis portez à ébullition et laissez mijoter 30 minutes. Pendant ce temps, mettez le reste de l'huile à chauffer dans une autre casserole. Faites frire les oignons restants, puis égouttez-les sur du papier absorbant.

3 Mixez la préparation. Incorporez les trois quarts du yaourt à la soupe, puis réchauffez-le à feu doux dans la casserole. Versez le potage dans des assiettes creuses. Ajoutez 1 cuillerée à soupe de yaourt, parsemez d'oignons frits et de coriandre, puis servez.

• Par portion : 240 Calories – Protéines : 9 g – Glucides : 25 g – Lipides : 13 g (dont 1 g de graisses saturées) – Fibres : 7 g – Sel : 1,45 g – Sucres ajoutés : 16 g.

La pâte de tamarin a une saveur aigre-douce.
Elle se trouve dans les épiceries asiatiques
mais peut être remplacée par un filet de jus de citron vert.

Bouillon aux moules pimentées

Pour 4 personnes
Préparation et cuisson : 25 min

- 1 kg de moules
- 50 cl d'eau
- 1 morceau de gingembre de 5 cm
- 2 tiges de citronnelle
- 2 tomates
- 2 ou 3 petits piments verts
- 5 à 10 petits piments séchés
- 1 cuill. à soupe de sauce nam-pla ou nuoc-mâm (à base de poisson)
- 1 cuill. à soupe de sucre de palme ou de sucre brun
- 3 cuill. à soupe de pâte de tamarin
- 2 échalotes
- 2 cuill. à soupe d'huile végétale
- sel et poivre du moulin

POUR SERVIR
- quelques feuilles de menthe
- quartiers de citron vert

1   Rincez les moules. Jetez toutes celles qui ne se referment pas lorsque vous les tapez d'un coup sec, puis grattez-les et ôtez la barbe de celles qui restent. Versez l'eau dans un wok ou dans une grande casserole et ajoutez 1 pincée de sel. Râpez le gingembre. Froissez la citronnelle, hachez les tomates, puis ajoutez-les dans le récipient avec le gingembre. Portez à ébullition et laissez cuire 5 minutes.

2   Émincez les piments verts. Mettez une poêle antiadhésive à chauffer, faites griller les piments séchés, puis émiettez-les. Ajoutez tous les piments et le reste des ingrédients dans le wok. Laissez mijoter jusqu'à ce que les moules s'ouvrent.

3   Pendant, ce temps, pelez les échalotes, puis émincez-les. Mettez l'huile à chauffer dans une poêle et faites frire les échalotes. Rectifiez l'assaisonnement des moules, puis répartissez la préparation dans des assiettes creuses. Parsemez d'échalotes frites, ajoutez des feuilles de menthe et servez avec des quartiers de citron.

Par portion : 105 Calories – Protéines : 10 g – Glucides : 13 g – Lipides : 2 g (Pas de graisses saturées) – Fibres : 1 g – Sel : 1,30 g – Sucres ajoutés : 10 g.

Servez ce velouté rafraîchissant dans des verrines
ou de jolies tasses en guise d'entrée pour un déjeuner estival.

Velouté glacé aux petits pois et à la laitue

Pour 4 personnes

Préparation et cuisson : 15 min
Réfrigération : 1 h

- 300 g de petits pois
- 1 gros bouquet de basilic
- 1 laitue
- 85 cl de bouillon de légumes
- 15 cl de crème fraîche
- sel et poivre du moulin

POUR SERVIR
- 2 cuill. à soupe de crème fraîche

1 Portez une casserole d'eau à ébullition et faites cuire les petits pois pendant 3 minutes. Égouttez-les dans une passoire, puis rafraîchissez-les sous l'eau froide.

2 Effeuillez le basilic. Ôtez le cœur de la laitue, puis émincez les feuilles. Mettez le basilic et la laitue dans le bol d'un robot avec les petits pois, le bouillon de légumes et la crème fraîche. Mixez jusqu'à l'obtention d'une soupe lisse. Assaisonnez, couvrez, puis réservez au frais pendant au moins 1 heure.

3 Répartissez la soupe dans des tasses. Déposez un peu de crème fraîche dans chaque tasse, puis servez.

• Par portion : 263 Calories – Protéines : 8 g – Glucides : 11 g – Lipides : 21 g (dont 13 g de graisses saturées) – Fibres : 4 g – Sel : 1 g – Pas de sucres ajoutés.

La coriandre est également appelée persil chinois. On l'utilise fraîche, notamment pour agrémenter des salades ou préparer des marinades, mais aussi en graines séchées, entières ou en poudre.

Velouté de patate douce aux lentilles

Pour 6 personnes
Préparation et cuisson : 35 min

- 1 pomme à couteau
- 2 oignons
- 3 gousses d'ail
- 1 morceau de gingembre de 5 cm
- 20 g de coriandre fraîche
- 2 cuill. à café de curry en poudre
- 3 cuill. à soupe d'huile d'olive
- 800 g de patates douces
- 1,5 l de bouillon légumes
- 100 g de lentilles corail
- 30 cl de lait
- le jus de 1 citron vert
- sel et poivre du moulin

1 Pelez la pomme, les oignons et l'ail. Évidez la pomme, puis râpez-la avec l'oignon et le gingembre. Écrasez l'ail. Effeuillez la coriandre, puis hachez ses tiges et ciselez ses feuilles. Mettez à chauffer une grande casserole et faites griller le curry à sec pendant 2 minutes à feu moyen. Incorporez l'huile au curry, puis ajoutez les oignons, la pomme, l'ail, les tiges de coriandre, le gingembre, du sel et du poivre. Faites cuire à feu doux 5 minutes en remuant régulièrement.

2 Pendant ce temps, pelez les patates douces, puis râpez-les. Ajoutez-les dans la casserole avec le bouillon, les lentilles, le lait, du sel et du poivre. Laissez mijoter 20 minutes à couvert. Mixez le tout à l'aide d'un mixeur plongeant jusqu'à l'obtention d'une soupe lisse. Incorporez le jus de citron vert à la préparation et, si nécessaire, rectifiez l'assaisonnement. Répartissez la soupe dans des bols. Parsemez de feuilles de coriandre, puis servez.

● Par portion : 287 Calories – Protéines : 9 g – Glucides : 49 g – Lipides : 8 g (dont 2 g de graisses saturées) – Fibres : 6 g – Sel : 0,71 g – Sucres ajoutés : 17 g.

Le fenouil apporte une saveur anisée à cette soupe.
Pour plus d'originalité, ajoutez de la cardamome en poudre.

Crème de fenouil aux amandes

Pour 4 personnes

Préparation et cuisson : 35 min

- 1 échalote
- 2 ou 3 bulbes de fenouil
- 2 cuill. à soupe d'huile d'olive
- 2 gousses d'ail
- 60 cl de bouillon de légumes
- 2 cuill. à soupe d'amandes en poudre
- 2 cuill. à soupe de crème fraîche épaisse
- sel et poivre du moulin

POUR SERVIR
- tranches de baguette grillées
- tapenade

1 Pelez l'échalote et hachez-la. Coupez les frondes du fenouil, réservez-les, puis préparez les bulbes et détaillez-les en quatre morceaux. Mettez l'huile à chauffer dans une casserole et faites revenir l'échalote jusqu'à ce qu'elle soit translucide. Pilez l'ail, puis ajoutez-le dans la casserole avec le fenouil et la moitié du bouillon. Portez à ébullition et laissez mijoter 15 minutes.

2 Transférez le contenu de la casserole dans le bol d'un robot. Ajoutez les amandes en poudre, puis mixez jusqu'à l'obtention d'un mélange lisse. Versez la soupe dans la casserole avec le reste du bouillon. Portez à ébullition, puis incorporez la crème fraîche à la préparation. Répartissez la soupe dans des bols. Parsemez de frondes de fenouil et servez avec des toasts tartinés de tapenade.

• Par portion : 149 Calories – Protéines : 3 g – Glucides : 3 g – Lipides : 14 g (dont 3 g de graisses saturées) – Fibres : 3 g – Sel : 0,52 g – Pas de sucres ajoutés.

Une soupe haute en couleur aux arômes délicats
pour le bonheur des petits et des grands!

Velouté de courge

Pour 4 personnes
Préparation et cuisson : 1 h

- 1 courge
- 2 cuill. à soupe d'huile d'olive
- 2 oignons
- 1 gousse d'ail
- 2 piments rouges
- 15 g de beurre
- 85 cl de bouillon de légumes
- 4 cuill. à soupe de crème fraîche épaisse
- sel et poivre du moulin

POUR SERVIR
- un peu de crème fraîche épaisse

1 Préchauffez le four à 200 °C (therm. 6-7). Pelez la courge, puis épépinez-la. Coupez-la en dés de 4 cm de côté, mettez-les dans un grand plat à rôtir avec la moitié de l'huile et remuez le tout. Enfournez pour 30 minutes. Retournez les dés de courge à mi-cuisson.

2 Pendant ce temps, pelez les oignons et l'ail. Coupez les oignons en dés, puis émincez l'ail. Épépinez les piments et hachez-les. Mettez le beurre et le reste de l'huile à chauffer dans une grande casserole, puis ajoutez les oignons, l'ail et les trois quarts des piments. Couvrez et laissez cuire à feu doux de 15 à 20 minutes.

3 Réchauffez le bouillon dans une casserole. Ajoutez-le à la préparation avec les dés de courge et la crème fraîche. Mixez le tout à l'aide d'un mixeur plongeant jusqu'à l'obtention d'une soupe lisse. Réchauffez à feu doux et assaisonnez. Répartissez la soupe dans des assiettes creuses. Déposez un peu de crème fraîche dans chaque assiette, parsemez du reste du piment haché, puis servez.

• Par portion : 264 Calories – Protéines : 5 g – Glucides : 28 g – Lipides : 15 g (dont 7 g de graisses saturées) – Fibres : 6 g – Sel : 0,61 g – Sucres ajoutés : 17 g.

Pour gagner du temps, remplacez le piment jalapeño
par un filet de Tabasco.

Tortilla au poulet
et aux haricots

Pour 1 personne

Préparation et cuisson : 10 min

- 1 blanc de poulet cuit
- 3 tomates cerises
- 1/4 piment *jalapeño*
- 4 cuill. à soupe de haricots noirs
  ou blancs en conserve
- 1 grande tortilla
- 2 cuill. à soupe de sauce mexicaine
  (au rayon «produits du monde»
  des grandes surfaces)
- 1 poignée de roquette
  ou de feuilles d'épinards
- sel et poivre du moulin

1   Coupez le blanc de poulet en lamelles,
les tomates cerises en deux et le quart de piment
en 4 rondelles. Égouttez les haricots, puis rincez-les.
Faites chauffer la tortilla au micro-ondes
pendant 10 secondes.

2   Réunissez les lamelles de poulet et les haricots
au centre de la tortilla, puis assaisonnez selon
votre goût. Nappez de sauce mexicaine et parsemez
de rondelles de piment. Ajoutez les demi-tomates
cerises et la roquette. Rabattez le bas de la tortilla
sur la garniture, pliez ses côtés, puis formez
un rouleau serré. Entourez le cylindre d'une bande
de papier sulfurisé et maintenez-le enroulé
à l'aide d'un morceau de ficelle, puis servez.

• Par portion : 348 Calories – Protéines : 29 g –
Glucides : 47 g – Lipides : 6 g (dont 1 g de graisses
saturées) – Fibres : 6 g – Sel : 1,05 g – Sucres ajoutés : 5 g.

Ces toasts fondants peuvent servir d'en-cas ou d'entrée.
Le cognac est facultatif, mais donne un goût
particulièrement agréable à l'ensemble.

Toasts à l'oignon et au fromage

Pour 6 personnes
Préparation et cuisson : 55 min

- 6 oignons
- 300 g de cheddar ou de gruyère
- 50 g de beurre
- 2 cuill. à café de sucre en poudre
- 1 filet de cognac (facultatif)
- 6 tranches de pain au levain
- 3 poignées de cresson
- vinaigrette
- sel et poivre du moulin

1 Pelez les oignons, puis émincez-les et râpez le fromage. Mettez le beurre à chauffer dans une casserole, puis ajoutez les oignons, saupoudrez-les de sucre et faites-les revenir 20 minutes à feu moyen en remuant régulièrement. Ajoutez éventuellement le cognac et laissez réduire. Assaisonnez selon votre goût.

2 Préchauffez le four à 200 °C (therm. 6-7). Faites toaster le pain dans le grille-pain. Couvrez les toasts d'oignons frits et de fromage, puis disposez-les sur une plaque cuisson. Enfournez pour 15 minutes. Dans un saladier, mélangez le cresson avec la vinaigrette. Servez chaque toast dans une assiette, avec un peu de cresson.

• Par portion : 412 Calories – Protéines : 17 g – Glucides : 32 g – Lipides : 25 g (dont 15 g de graisses saturées) – Fibres : 3 g – Sel : 1,46 g – Sucres ajoutés : 9 g.

Ce gâteau salé original accompagnera à merveille vos soupes!

Gâteau de pommes de terre au fromage

Pour 8 personnes
Préparation et cuisson : 55 min

- 2 gousses d'ail
- 2 cuill. à soupe d'huile d'olive
- 85 g de beurre froid
- 350 g de farine
- 1 pincée de sel
- 1½ cuill. à café de levure chimique
- 150 g de yaourt nature entier
- 4 cuill. à soupe de lait entier
- 250 g de pommes de terre nouvelles cuites
- 1 cuill. à café bombée de feuilles de romarin hachées
- 85 g de gruyère
- 50 g de parmesan
- sel et poivre du moulin

1 Pilez l'ail. Mettez la moitié de l'huile à chauffer dans une casserole à feu doux, puis faites frire l'ail pendant 10 minutes et réservez-le.

2 Coupez le beurre en dés. Mixez-les avec la farine, le sel et la levure dans le bol d'un robot, jusqu'à l'obtention d'une pâte grumeleuse. Mettez-la dans un saladier et creusez un puits. Faites chauffer le yaourt avec le lait dans une casserole pendant 1 minute, puis versez le tout dans le puits et mélangez rapidement à l'aide d'un couteau.

3 Préchauffez le four à 200 °C (therm. 6-7). Étalez la pâte. Tranchez les pommes de terre et répartissez-les sur la pâte avec les trois quarts du romarin. Coupez la moitié du gruyère en dés, puis râpez l'autre moitié avec le parmesan. Réservez un peu des fromages râpés. Étalez le reste sur les pommes de terre, pétrissez la pâte et façonnez une boule. Farinez une plaque cuisson, déposez la boule de pâte et tracez des lignes sur le dessus avec un couteau. Parsemez du reste des fromages et du romarin. Arrosez de l'huile restante, puis enfournez pour 25 minutes. Servez chaud.

• Par portion : 379 Calories – Protéines : 12 g – Glucides : 42 g – Lipides : 19 g (dont 10 g de graisses saturées) – Fibres : 2 g – Sel : 1,32 g – Sucres ajoutés : 3 g.

La ricotta est un fromage frais italien préparé à partir du petit-lait obtenu dans la fabrication d'autres fromages. On l'utilise aussi pour préparer des sauces pour les pâtes ou des desserts.

Tortillas à la courge et à la ricotta

Pour 2 personnes
Préparation et cuisson : 15 min

- 1/2 courge
- 1 cuill. à café de cumin en poudre
- 3 cuill. à soupe d'huile végétale
- 1 poignée de feuilles de coriandre
- 1 piment vert
- le zeste et le jus de 1 citron vert non traité
- 4 tortillas de blé tendre
- 100 g de ricotta
- sel et poivre du moulin

POUR SERVIR
- quartiers de citron vert

1   Pelez la demi-courge, puis épépinez-la et coupez-la en fines tranches. Mettez-les dans un saladier avec le cumin et 2 cuillerées à soupe d'huile. Remuez, puis assaisonnez généreusement le tout. Préchauffez un gril à feu vif. Faites griller les tranches de courge de 3 à 5 minutes de chaque côté et réservez-les.

2   Ciselez la coriandre, puis épépinez le piment et hachez-le. Réunissez le tout dans un saladier avec le zeste de citron vert, un filet de jus de citron et le reste de l'huile. Mélangez l'ensemble soigneusement. Faites dorer les tortillas sur le gril 30 secondes de chaque côté, puis pliez-les en quatre en formant des cônes. Garnissez-les de tranches de courge, d'une cuillerée à soupe de ricotta et du mélange à la coriandre. Servez immédiatement avec des quartiers de citron vert.

* Par portion : 549 Calories – Protéines : 15 g – Glucides : 64 g – Lipides : 28 g (dont 6 g de graisses saturées) – Fibres : 5 g – Sel : 2,68 g – Sucres ajoutés : 13 g.

Associés à un bol de soupe, ces toasts au fromage
constituent un véritable repas complet,
facile et rapide à improviser.

Toasts au fromage gratiné

Pour 8 personnes
Préparation et cuisson : 10 min

- 1 pain au levain
- 1 œuf
- 2 oignons nouveaux
- 200 g de cheddar ou de gruyère râpé
- 1 cuill. à café de moutarde de Dijon
- sel et poivre du moulin

1   Préchauffez le gril du four. Coupez le pain en tranches, puis disposez-les sur une plaque de cuisson. Enfournez et laissez griller 2 ou 3 minutes.

2   Pendant ce temps, cassez l'œuf dans un saladier et battez-le. Émincez les oignons, puis incorporez-les à l'œuf battu avec le fromage râpé et la moutarde.

3   Sortez les toasts du four et répartissez la préparation sur le côté non grillé. Remettez les toasts sur la plaque de cuisson. Enfournez pour 3 minutes et servez aussitôt.

* Par portion : 229 Calories – Protéines : 10 g – Glucides : 25 g – Lipides : 10 g (dont 6 g de graisses saturées) – Fibres : 2 g – Sel : 1,04 g – Sucres ajoutés : 1 g.

Préparez le guacamole vous-même en mixant la chair de 2 avocats bien mûrs avec le jus d'un citron vert, 1 petit oignon et des feuilles de coriandre. Si vous l'aimez épicé, ajoutez une pincée de piment en poudre.

Tortillas au poulet et au guacamole

Pour 2 personnes
Préparation et cuisson : 5 min

- 1 poivron rouge
- 1 blanc de poulet cuit sans la peau
- 2 tortillas
- 4 cuill. à soupe de guacamole
- 50 g de cheddar ou de gruyère râpé
- sel et poivre du moulin

1 Épépinez le poivron, puis émincez-le. Détaillez le poulet en lamelles. Mettez les tortillas sur une planche à découper, puis étalez 2 cuillerées à soupe de guacamole au centre de chacune. Ajoutez les morceaux de poulet et de poivron.

2 Parsemez de fromage râpé, puis roulez les tortillas. Enveloppez-les dans du papier sulfurisé et maintenez-les en place à l'aide de ficelle.

• Par portion : 404 Calories – Protéines : 31 g – Glucides : 28 g – Lipides : 19 g (dont 8 g de graisses saturées) – Fibres : 3 g – Sel : 2,01 g – Sucres ajoutés : 6 g.

Traditionnellement sucrés et servis en dessert,
les muffins connaissent de plus en plus de variantes salées
qui accompagnent à merveille les soupes ou les salades.

Muffins au fromage et au lard

Pour 6 personnes
Préparation et cuisson : 40 min

- 4 tranches de lard
- 1 cuill. à café d'huile végétale
- 50 g de cheddar ou de gruyère
- 175 g de farine
- 1 cuill. à café de levure chimique
- 1/2 cuill. à café de sel
- 85 g de beurre
- 1 cuill. à café de moutarde forte
- 2 œufs
- 20 cl de lait
- 1 cuill. à soupe de persil haché
- poivre du moulin

1 Préchauffez le four à 180 °C (therm. 6) et graissez 6 alvéoles d'un moule à muffins. Coupez le lard en lamelles. Mettez l'huile à chauffer dans une poêle. Faites frire le lard jusqu'à ce qu'il soit croustillant, puis laissez-le refroidir sur du papier absorbant. Coupez les deux tiers du fromage en petits morceaux et râpez finement le reste.

2 Tamisez la farine et la levure au-dessus d'un saladier. Saupoudrez de sel et d'un peu de poivre, puis mélangez le tout. Mettez une casserole à chauffer et faites fondre le beurre. Versez-le dans un autre saladier, puis fouettez-le avec la moutarde, les œufs et le lait. Versez le mélange dans le saladier contenant la farine et remuez brièvement jusqu'à l'obtention d'une pâte grumeleuse. Incorporez le lard, les morceaux de fromage et le persil à la pâte sans trop la travailler.

3 Versez la pâte dans les moules à muffins. Parsemez de fromage râpé, puis enfournez pour 25 minutes. Servez tiède.

⁕ Par portion : 322 Calories – Protéines : 12 g – Glucides : 25 g – Lipides : 20 g (dont 11 g de graisses saturées) – Fibres : 1 g – Sel : 1,63 g – Sucres ajoutés : 2 g.

Le vinaigre balsamique réduit est un sirop obtenu en faisant réduire du vinaigre balsamique dans une casserole à feu doux.

Tortilla au bœuf et au bleu

Pour 1 personne
Préparation et cuisson : 10 min

- 140 g de bifteck d'aloyau dégraissé
- 1 oignon rouge
- 1/2 poivron rouge
- 1 cuill. à soupe d'huile d'olive
- 1 filet de vinaigre balsamique réduit
- 1 petite tortilla de blé tendre
- 25 g de gorgonzola (ou de *dolcelatte*)
- 1 poignée de roquette ou de pousses d'épinards
- sel et poivre du moulin

1 Détaillez le bifteck en fines tranches. Pelez l'oignon, puis émincez-le. Épépinez le demi-poivron et coupez-le en lamelles. Mettez l'huile à chauffer dans une poêle. Assaisonnez les tranches de bifteck, puis faites-les frire avec l'oignon et le poivron pendant 4 minutes à feu moyen. Ajoutez le vinaigre réduit et prolongez la cuisson de 1 minute. Arrêtez le feu.

2 Faites chauffer la tortilla au micro-ondes pendant 10 secondes. Retirez les tranches de bifteck de la poêle, coupez-les en lamelles, puis remettez-les dans la poêle avec le jus de viande. Mélangez, puis disposez la garniture au centre de la tortilla. Émiettez le fromage au-dessus et parsemez de roquette. Enroulez la tortilla, coupez-la en deux, puis servez aussitôt.

• Par portion : 686 Calories – Protéines : 48 g – Glucides : 66 g – Lipides : 28 g (dont 10 g de graisses saturées) – Fibres : 5 g – Sel : 1,43 g – Sucres ajoutés : 12 g.

La moutarde en poudre est un produit typiquement anglo-saxon.
Vous pouvez la remplacer par 1/2 cuillerée à café de moutarde forte.

Croque-monsieur express

Pour 2 personnes
Préparation et cuisson : 10 min

- 2 tranches de pain complet
- 2 tranches de jambon cuit
- 1 œuf
- 1 grosse poignée de cheddar ou de gruyère râpé
- 1 pincée de moutarde forte en poudre (au rayon « produits du monde » des grandes surfaces)

1 Préchauffez le gril du four. Faites légèrement griller le pain des deux côtés. Pendant ce temps, coupez le jambon en lamelles. Cassez l'œuf dans un saladier et battez-le à l'aide d'un fouet. Incorporez le jambon, le fromage râpé et la moutarde à l'œuf battu.

2 Étalez la préparation sur les toasts, enfournez-les sous le gril, puis laissez-les cuire 3 ou 4 minutes. Coupez en deux et servez.

• Par portion : 263 Calories – Protéines : 19 g – Glucides : 15 g – Lipides : 15 g (dont 7 g de graisses saturées) – Fibres : 2 g – Sel : 1,59 g – Pas de sucres ajoutés.

Vous pouvez réaliser cette recette avec de la farine blanche,
aux céréales ou complète. Ce pain est délicieux
avec n'importe quelle soupe.

Pain au sésame

Pour 8 tranches épaisses
Préparation et cuisson : 55 min
Repos de la pâte : 1 h

• 500 g de farine de céréales mélangées
• 2 cuill. à soupe de graines de sésame
• 2 cuill. à soupe de graines de pavot
• 1 sachet de levure de boulanger
à action rapide
• 1 cuill. à café de sel
• 30 cl d'eau chaude
• 2 cuill. à soupe d'huile d'olive
• 1 cuill. à soupe de miel liquide
• sel et poivre du moulin

1   Préchauffez le four à 200 °C (therm. 6-7).
Dans un saladier, réunissez la farine, la moitié
des graines, la levure et le sel. Dans une carafe,
mélangez l'eau, l'huile et le miel, puis incorporez
le tout dans le saladier jusqu'à l'obtention
d'une pâte souple. Ajoutez un peu de farine
si la pâte est trop collante.

2   Farinez légèrement le plan de travail,
puis pétrissez la pâte pendant 5 minutes.
Saupoudrez-la de farine si nécessaire. Huilez
un moule à pain de 1,5 litre. Répartissez la pâte
uniformément dans le moule, puis couvrez
d'un torchon et laissez lever pendant 1 heure.

3   Badigeonnez la pâte d'eau et parsemez
du reste de graines de sésame et de pavot.
Enfournez et laissez cuire de 30 à 35 minutes.
Démoulez le pain sur une grille, puis laissez-le refroidir.

• Par tranche : 277 Calories – Protéines : 9 g –
Glucides : 45 g – Lipides : 8 g (dont 1 g de graisses
saturées) – Fibres : 5 g – Sel : 0,65 g – Sucres ajoutés : 2 g.

Composez un repas complet en servant ces scones au fromage accompagnés d'une soupe de légumes !

Scones au fromage

Pour 8 scones
Préparation et cuisson : 35 min

- 85 g de cheddar ou de gruyère
- 140 g de farine à levure incorporée
- 140 g de farine complète
- 1½ cuill. à café de levure chimique
- 1 pincée de sel
- 50 g de beurre froid
- 1 œuf
- 1 cuill. à soupe de Marmite (dans les épiceries anglo-saxonnes)
- 2 cuill. à soupe de yaourt nature ou à la grecque
- 3 cuill. à soupe de lait

POUR SERVIR
- crudités

1 Préchauffez le four à 190 °C (therm. 6-7). Râpez le fromage. Dans un grand saladier, mélangez les farines avec la levure et 1 pincée de sel. Coupez le beurre en dés, puis incorporez-le du bout des doigts à la préparation jusqu'à l'obtention d'une pâte sableuse. Ajoutez la moitié du fromage, remuez et creusez un puits.

2 Dans un autre récipient, battez ensemble l'œuf, la Marmite, le yaourt et le lait, puis versez le tout dans le puits et mélangez à l'aide d'un couteau jusqu'à l'obtention d'une pâte souple. Mouillez avec un peu de lait si la pâte est trop sèche.

3 Farinez le plan de travail, puis étalez la pâte sur 2 cm. Découpez 4 scones avec un emporte-pièce rond, puis réunissez les chutes de pâte et répétez l'opération. Graissez une plaque de cuisson et disposez les scones dessus. Badigeonnez-les de lait et parsemez-les du reste de fromage. Enfournez, puis laissez cuire de 10 à 12 minutes. Laissez refroidir sur une grille et servez avec des crudités.

• Par portion : 226 Calories – Protéines : 9 g – Glucides : 25 g – Lipides : 11 g (dont 6 g de graisses saturées) – Fibres : 2 g – Sel : 0,9 g – Sucres ajoutés : 1 g.

Le pecorino est un fromage italien au lait de brebis.
Il a la même texture que le parmesan, mais son goût est plus salé.

Bruschetta aux fèves
et au fromage

Pour 4 personnes
Préparation et cuisson : 40 min

- 300 g de fèves décortiquées
- 4 cuill. à soupe d'huile d'olive
- le jus de 1 citron
- 1 poignée de feuilles de menthe
- 4 tranches de pain blanc de campagne
- 1 gousse d'ail
- 140 g de *pecorino*
- sel et poivre du moulin

POUR SERVIR
- 1 filet d'huile d'olive

1 Portez une casserole d'eau à ébullition, puis faites cuire les fèves pendant 2 minutes. Égouttez-les et rafraîchissez-les sous l'eau froide. Égouttez-les de nouveau, puis pelez-les.

2 Mettez les fèves dans un saladier avec l'huile d'olive et le jus de citron, puis écrasez-les grossièrement à l'aide d'un presse-purée. Ciselez la menthe et incorporez-la à la préparation. Assaisonnez selon votre goût.

3 Mettez un gril à chauffer à feu vif. Faites griller les tranches de pain des deux côtés. Pelez l'ail et frottez-en le pain. Répartissez la purée de fèves sur les toasts. Détaillez le pecorino en copeaux à l'aide d'un épluche-légumes, puis parsemez-en les bruschettas. Arrosez d'un filet d'huile d'olive et servez.

• Par portion : 429 Calories – Protéines : 20 g – Glucides : 32 g – Lipides : 26 g (dont 9 g de graisses saturées) – Fibres : 7 g – Sel : 1,18 g – Sucres ajoutés : 2 g.

Servez ce pain au déjeuner avec un fromage frais
agrémenté de concombre, d'oignons nouveaux
et d'aneth hachés... c'est un pur délice !

Pain rond

Pour 8 personnes
Préparation et cuisson : 45 min

• 500 g de farine
• 1 cuill. à soupe de levure chimique
• 1 cuill. à café de sel
• 100 g de beurre froid
• 2 œufs
• 30 cl de lait
• sel et poivre du moulin

POUR SERVIR
• fromage frais aux herbes

1 Préchauffez le four à 200 °C (therm. 6-7).
Réunissez la farine, la levure et le sel dans
un saladier. Coupez le beurre en petits morceaux,
puis incorporez-les aux ingrédients secs du bout
des doigts jusqu'à l'obtention d'une pâte sableuse.
Creusez un puits au centre.

2 Dans un bol, fouettez les œufs avec le lait,
puis versez le tout dans le puits et mélangez à l'aide
d'un couteau jusqu'à l'obtention d'une pâte souple.
Farinez légèrement le plan de travail, puis pétrissez
la pâte pendant 30 secondes.

3 Façonnez un disque de 15 cm de diamètre.
Graissez une plaque de cuisson et posez
la pâte dessus. Faites quatre entailles profondes
sur le scone à l'aide d'un couteau pour former
huit parts. Parsemez d'un peu de farine,
puis enfournez pour 25 minutes. Servez
avec du fromage frais aux herbes.

• Par portion : 348 Calories – Protéines : 9 g –
Glucides : 51 g – Lipides : 13 g (dont 7 g de graisses
saturées) – Fibres : 2 g – Sel : 1,47 g – Sucres ajoutés : 3 g.

Le piment jalapeño est une variété de piment mexicain.
On le trouve frais, séché ou mariné. Ces tortillas feront une entrée idéale
pour 4 personnes et un déjeuner rapide pour 2 personnes.

Tortillas au fromage et à la tomate

Pour 4 personnes
Préparation et cuisson : 10 min

- 4 tortillas de blé tendre
- 4 tomates séchées au soleil
ou 1 poivron rôti en conserve
- 85 g de cheddar ou de gruyère
- 1 cuill. à soupe de piment
jalapeño en bocal
- 1 poignée de feuilles de coriandre
- sel et poivre du moulin

POUR SERVIR (facultatif)
- guacamole ou sauce mexicaine

1   Mettez un gril à chauffer sur feu vif et faites dorer les tortillas. Tranchez les tomates séchées et râpez le fromage. Égouttez les piments, hachez-les avec la coriandre, puis répartissez le tout sur les tortillas. Assaisonnez et recouvrez des 2 tortillas restantes.

2   Faites cuire à feu moyen 3 minutes de chaque côté dans le gril, coupez en parts égales et servez éventuellement avec du guacamole ou de la sauce mexicaine.

• Par portion : 248 Calories – Protéines : 10 g – Glucides : 34 g – Lipides : 9 g (dont 5 g de graisses saturées) – Fibres : 2 g – Sel : 1,03 g – Sucres ajoutés : 1 g.

Ce plat constitue une bonne source d'oméga-3, excellents pour le cœur.
Il peut se cuisiner avec du maquereau frais ou fumé.

Toasts au maquereau
et salade de betteraves

Pour 4 personnes
Préparation et cuisson : 15 min

- 4 filets de maquereau
- 1 cuill. à café de curry en poudre
- 2 cuill. à soupe d'huile d'olive
- 4 tranches de pain au levain
ou ciabatta
- sel et poivre du moulin

POUR LA SALADE DE BETTERAVES
- 250 g de betteraves cuites
- 1 pomme à couteau
- 1 petit bouquet de coriandre
- 1 oignon rouge
- le jus de 1/2 citron
- 1 cuill. à soupe d'huile d'olive
- 1 cuill. à café de graines de cumin

1   Préparez la salade de betteraves. Détaillez
les betteraves en dés. Coupez la pomme
en quartiers, puis en tranches fines. Effeuillez
la coriandre et ciselez ses feuilles. Pelez l'oignon,
puis émincez-le. Réunissez les betteraves,
la pomme, la coriandre et l'oignon dans un saladier.
Arrosez de jus de citron, d'huile et parsemez
de graines de cumin, puis remuez le tout.

2   Préchauffez le gril du four à température
maximale et recouvrez une grille de cuisson
d'une feuille d'aluminium. Coupez les filets
de maquereau en deux dans la largeur et posez-les
sur la grille. Saupoudrez de curry, arrosez
de 1 cuillerée à soupe d'huile, puis assaisonnez.
Enfournez et laissez cuire 4 ou 5 minutes.

3   Faites toaster les tranches de pain dans
le grille-pain, puis arrosez-les du reste d'huile.
Répartissez la salade de betteraves sur les toasts
et ajoutez un morceau de maquereau. Arrosez
éventuellement de jus de cuisson du poisson,
puis servez aussitôt.

• Par portion : 471 Calories – Protéines : 25 g –
Glucides : 35 g – Lipides : 27 g (dont 5 g de graisses
saturées) – Fibres : 3 g – Sel : 0,97 g – Sucres ajoutés : 11 g.

Déjà utilisé du temps des Égyptiens et des Romains,
notamment pour conserver les viandes, le cumin est aujourd'hui
souvent employé dans la confection de pains ou de fromages.

Fougasses au cumin

Pour 8 fougasses

Préparation et cuisson : 20 min

- 1 cuill. à soupe de graines de cumin
- 400 g de farine sans gluten
  à levure incorporée
- 300 g de yaourt nature
- 10 cl d'eau
- sel et poivre du moulin

1 Préchauffez le gril du four à température
moyenne et farinez légèrement une plaque
de cuisson. Mettez à chauffer une poêle
antiadhésive, puis faites griller les graines
de cumin à sec. Dans un saladier, mélangez
la farine avec les graines de cumin et assaisonnez
le tout. Incorporez le yaourt et l'eau à la préparation
jusqu'à l'obtention d'une pâte souple.

2 Divisez la pâte en huit parts égales,
puis étalez-les sur 5 mm en formant des cercles.
Farinez légèrement chaque part et disposez-les
sur une plaque de cuisson. Enfournez, laissez
cuire de 3 à 5 minutes de chaque côté,
puis servez aussitôt.

• Par fougasse : 200 Calories – Protéines : 5 g –
Glucides : 47 g – Lipides : 2 g (Pas de graisses saturées) –
Fibres : 1 g – Sel : 0,08 g – Sucres ajoutés : 2 g.

Ces friands aux légumes sont tout simplement exquis...

Friands au curry de pommes de terre et de petits pois

Pour 4 personnes
Préparation et cuisson : 45 min

- 300 g de pommes de terre
- 100 g de petits pois surgelés
- 2 cuill. à café d'huile végétale
- 1 oignon
- 1 ou 2 cuill. à café de pâte de curry
- 1 cuill. à café de graines de moutarde noire
- 1 poignée de coriandre
- le jus de 1/2 citron
- 375 g de pâte feuilletée prête à l'emploi
- 1 œuf
- sel et poivre du moulin

POUR SERVIR
- sauce épicée

1 Portez une casserole d'eau salée à ébullition. Pelez les pommes de terre, coupez-les en dés, puis faites-les cuire dans l'eau bouillante pendant 8 minutes. Ajoutez les petits pois 1 minute avant la fin du temps de cuisson. Égouttez et réservez.

2 Mettez l'huile à chauffer dans une poêle. Pelez l'oignon, émincez-le, puis faites-le frire dans l'huile jusqu'à ce qu'il soit tendre. Ajoutez la pâte de curry et les graines de moutarde. Laissez cuire quelques minutes. Hachez la coriandre, puis incorporez-la à la préparation avec les pommes de terre, les petits pois et le jus de citron. Laissez refroidir.

3 Préchauffez le four à 200 °C (therm. 6-7) et graissez une plaque de cuisson. Farinez le plan de travail. Étalez la pâte puis divisez-la en huit rectangles. Posez quatre rectangles sur la plaque. Battez l'œuf dans un bol, puis badigeonnez-en les bords des rectangles. Répartissez la garniture au centre et couvrez avec les rectangles restants. Pincez les bords pour les souder, puis badigeonnez les friands d'œuf battu. Enfournez pour 20 minutes. Servez avec de la sauce épicée.

⦿ Par portion : 480 Calories – Protéines : 11 g – Glucides : 53 g – Lipides : 26 g (dont 10 g de graisses saturées) – Fibres : 3 g – Sel : 0,86 g – Sucres ajoutés : 4 g.

Ces beignets de légumes doivent être cuits à la dernière minute, mais la pâte peut être préparée 1 heure à l'avance.

Beignets épicés à la courgette

Pour 4 personnes
Préparation et cuisson : 50 min

- 1 piment rouge
- 1 gros oignon
- 3 courgettes
- 1 poignée de feuilles de coriandre
- 1 cuill. à soupe de *garam masala* (mélange d'épices indien)
- 1 cuill. à café de curcuma en poudre
- 140 g de farine à levure incorporée
- 1/2 cuill. à café de bicarbonate de soude
- 20 cl d'eau
- huile de tournesol

POUR LA SAUCE TOMATE
- 1 oignon rouge
- 1 piment vert (facultatif)
- 2 tomates
- 1 cuill. à café de ketchup

1 Coupez le piment en deux, puis épépinez-le et détaillez-le en fines lamelles. Pelez l'oignon, puis émincez-le. Détaillez les courgettes en fines rondelles. Hachez grossièrement la coriandre. Réunissez les légumes dans un saladier avec la coriandre, les épices, la farine et le bicarbonate de soude. Incorporez l'eau progressivement aux ingrédients jusqu'à l'obtention d'une pâte épaisse. Mettez de l'huile à chauffer dans une grande poêle et déposez 2 cuillerées à soupe bombées de pâte dedans. Faites frire 2 minutes de chaque côté, puis égouttez les beignets sur du papier absorbant et réservez-les au chaud. Répétez l'opération avec le reste de la pâte.

2 Préparez la sauce tomate. Pelez l'oignon, puis émincez-le, éventuellement avec le piment. Hachez les tomates. Réunissez l'ensemble dans un bol, puis incorporez le ketchup. Servez dans une coupelle, avec les beignets.

● Par portion : 355 Calories – Protéines : 7 g – Glucides : 38 g – Lipides : 21 g (dont 3 g de graisses saturées) – Fibres : 3 g – Sel : 0,59 g – Sucres ajoutés : 8 g.

Onctuosité, saveur et légèreté
sont les maîtres mots de cette recette!

Brochettes de chipolatas aux légumes

Pour 4 personnes
Préparation et cuisson : 20 min

- 8 tranches de lard
- 8 chipolatas
- 16 champignons de Paris
- 16 tomates cerises
- sel et poivre du moulin

POUR LA SAUCE
- 1 cuill. à soupe d'huile d'olive
- 1 cuill. à soupe de miel liquide
- 1 cuill. à soupe de moutarde

POUR SERVIR
- 4 petits pains croustillants
- salade verte
- sauce tomate

1   Préparez la sauce : dans un saladier, mélangez l'huile avec le miel et la moutarde, assaisonnez, puis réservez.

2   Faites chauffer un gril à feu vif. Coupez les tranches de lard et les chipolatas en deux. Entourez chaque demi-chipolata d'un morceau de lard. Enfilez les champignons, les morceaux de saucisse et les tomates cerises sur des piques à brochettes en bois.

3   Badigeonnez les brochettes de sauce, puis faites-les griller pendant 10 minutes en les retournant en cours de cuisson. Servez avec du pain, de la salade verte et un peu de sauce tomate.

• Par portion : 282 Calories – Protéines : 15 g – Glucides : 7 g – Lipides : 21 g (dont 7 g de graisses saturées) – Fibres : 1 g – Sel : 2,05 g – Sucres ajoutés : 5 g.

Ces mini-feuilletés auront un succès fou
à l'occasion d'un apéritif dînatoire ou d'un pique-nique.

Mini-feuilletés au poulet et à la tomate

Pour 20 mini-feuilletés
Préparation et cuisson : 40 min

- 2 gros blancs de poulet sans la peau
- 4 tomates séchées au soleil
- 1 poignée de feuilles de basilic
- 1 gousse d'ail
- 3 tranches de lard
- 375 g de pâte feuilletée prête à l'emploi (rectangulaire)
- 1 jaune d'œuf
- 25 g de graines de sésame
- sel et poivre du moulin

1 Préchauffez le four à 200 °C (therm. 6-7). Hachez le poulet, les tomates et le basilic. Pelez l'ail, puis écrasez-le. Émincez le lard. Réunissez le poulet et l'ail dans le bol d'un robot, puis hachez le tout. Ajoutez le lard, les tomates et le basilic. Mixez pendant 5 secondes, puis assaisonnez généreusement.

2 Farinez un plan de travail. Déroulez la pâte feuilletée et coupez-la en deux dans la longueur. Étalez la moitié de la garniture au milieu d'une des bandes, puis roulez la pâte en pinçant ses extrémités pour les souder. Coupez le cylindre en morceaux de 2,5 cm. Répétez l'opération avec le reste de la pâte et de la garniture.

3 Placez les mini-feuilletés sur une plaque de cuisson. Badigeonnez les feuilletés de jaune d'œuf et parsemez de graines de sésame. Enfournez pour 20 minutes et servez.

• Par mini-feuilleté : 119 Calories – Protéines : 6 g – Glucides : 6 g – Lipides : 8 g (dont 3 g de graisses saturées) – Fibres : 1 g – Sel : 0,38 g – Pas de sucres ajoutés.

Les haricots de Lima sont de gros haricots secs,
blancs et aplatis. Ils sont cultivés dans les pays tropicaux.

Crudités et tartare de haricots

Pour 1 personne
Préparation et cuisson : 15 min

- 1 branche de céleri
- 1 carotte
- 1/2 poivron rouge

POUR LE TARTARE DE HARICOTS
- 1 petite gousse d'ail
- 220 g de haricots de Lima
- 1 filet de jus de citron
- 1 cuill. à soupe de persil haché
- 1 cuill. à soupe de menthe hachée
- 2 cuill. à café d'huile d'olive
- 1 cuill. à soupe d'eau

1   Préparez le tartare de haricots. Pelez l'ail, puis écrasez-le. Égouttez les haricots. Réunissez l'ensemble dans le bol d'un robot avec le jus de citron, le persil, la menthe, l'huile et l'eau, puis mixez le tout.

2   Préparez le céleri, pelez la carotte, épépinez le demi-poivron, puis coupez-les en bâtonnets. Servez les crudités avec la sauce aux haricots.

• Par portion : 253 Calories – Protéines : 10 g – Glucides : 34 g – Lipides : 10 g (dont 1 g de graisses saturées) – Fibres : 11 g – Sel : 0,3 g – Sucres ajoutés : 17 g.

Le romarin frais est plus parfumé que le romarin séché.
En outre, il est réputé pour faciliter la digestion.

Patates douces farcies
aux champignons

Pour 2 personnes

Préparation et cuisson : 30 min

• 2 patates douces
• 200 g de champignons de Paris
• 1 cuill. à soupe d'huile d'olive
• 1 cuill. à café de feuilles de romarin
hachées ou 1/2 cuill. à café
de romarin séché
• sel et poivre du moulin

POUR SERVIR
• 2 cuill. à soupe de parmesan râpé
• salade verte
• sauce mexicaine

1 Préchauffez le four à 200 °C (therm. 6-7). Piquez les patates douces à plusieurs reprises à l'aide d'une fourchette, puis faites-les cuire au micro-ondes réglé à puissance maximale de 8 à 10 minutes en les retournant à mi-cuisson.

2 Pendant ce temps, coupez les champignons en deux. Mettez l'huile à chauffer dans une casserole antiadhésive, puis faites cuire les champignons et le romarin à feu vif en remuant jusqu'à ce que les champignons soient légèrement dorés. Assaisonnez selon votre goût.

3 Mettez les patates douces dans un plat à rôtir, puis enfournez pour 15 minutes. Ouvrez les patates douces et garnissez-les de champignons. Parsemez de parmesan râpé, puis servez avec de la salade verte et de la sauce mexicaine.

• Par portion : 359 Calories – Protéines : 8 g – Glucides : 65 g – Lipides : 9 g (dont 3 g de graisses saturées) – Fibres : 8 g – Sel : 0,47 g – Sucres ajoutés : 17 g.

La taille imposante du portobello, ou gros champignon de Paris brun, permet également de le déguster farci, avec par exemple un mélange de ricotta, d'épinards hachés et d'ail.

Canapés aux champignons et à l'ail

Pour 1 personne
Préparation et cuisson : 20 min

- 1 filet d'huile d'olive
- 2 gousses d'ail
- 4 portobellos
- 2 tranches de pain de mie
- quelques pignons de pin
- sel et poivre du moulin

POUR SERVIR
- 1 cuill. à café de persil haché

1 Préchauffez le four à 200 °C (therm. 6-7) et huilez légèrement une plaque de cuisson. Pelez l'ail, puis hachez-le. Disposez les champignons sur la plaque de cuisson, puis arrosez-les d'huile. Parsemez d'ail et assaisonnez. Enfournez pour 15 minutes.

2 Pendant ce temps, faites griller le pain des deux côtés. Mettez à chauffer une poêle antiadhésive, puis faites dorer les pignons de pin à sec. Disposez un champignon sur chaque toast. Parsemez de pignons et de persil haché, puis servez.

• Par portion : 468 Calories – Protéines : 13 g – Glucides : 37 g – Lipides : 30 g (dont 5 g de graisses saturées) – Fibres : 5 g – Sel : 0,93 g – Sucres ajoutés : 3 g.

Un méli-mélo de couleurs et de saveurs pour le plaisir des papilles...

Galettes de maïs à l'avocat et au lard

Pour 4 personnes
Préparation et cuisson : 20 min

- 1 poivron rouge
- 1 piment rouge ou vert
- 2 cuill. à soupe d'huile d'olive
- 50 g de farine à levure incorporée
- 1 œuf
- 3 cuill. à soupe de lait
- 660 g de maïs en conserve
- 1 poignée de feuilles de basilic
- 8 tranches de lard
- le jus de 1/2 citron
- 1 ou 2 avocats
- sel et poivre du moulin

1 Préchauffez le gril du four à température maximale. Épépinez le poivron et le piment, puis hachez le tout. Mettez 1 cuillerée à soupe d'huile à chauffer dans une poêle antiadhésive et faites revenir le poivron pendant 5 minutes. Ajoutez le piment 1 minute avant la fin de la cuisson.

2 Mettez la farine dans un saladier et creusez un puits. Cassez l'œuf dans un bol, battez-le, puis versez-le dans le puits avec le lait et la farine. Mélangez à l'aide d'un couteau jusqu'à l'obtention d'une pâte souple. Égouttez le maïs, ciselez les trois quarts du basilic, puis incorporez le maïs et le basilic ciselé à la pâte. Assaisonnez. Ajoutez de l'huile dans la poêle, si nécessaire, puis déposez des cuillerées à soupe de pâte dedans. Faites frire les galettes 2 minutes de chaque côté, puis réservez-les au chaud. Répétez l'opération avec le reste de la pâte.

3 Disposez les tranches de lard dans un plat, puis enfournez pour 5 minutes. Dans un bol, mélangez le jus de citron avec le reste de l'huile, salez et poivrez. Pelez l'avocat, dénoyautez-le et coupez-le en tranches. Répartissez les galettes dans quatre assiettes avec l'avocat, le lard et le reste de basilic. Nappez de sauce au citron et servez.

• Par portion : 420 Calories – Protéines : 16 g – Glucides : 49 g – Lipides : 19 g (dont 4 g de graisses saturées) – Fibres : 4 g – Sel : 2,49 g – Sucres ajoutés : 16 g.

Le houmous se prépare en écrasant des pois chiches cuits
mélangés à de l'huile de sésame. Associé à l'avocat,
il constitue un plat riche en vitamines.

Avocat au houmous et salade de tomates

Pour 2 personnes
Préparation et cuisson : 15 min

• 1 avocat
• 4 cuill. à soupe de houmous
• sel et poivre du moulin

POUR LA SALADE DE TOMATES
• 1/2 oignon rouge
• 2 tomates
• 1 poignée d'olives dénoyautées
• 1 filet de jus de citron
• 1 filet d'huile d'olive

POUR SERVIR
• 1 filet d'huile d'olive
• 4 tranches de pain ciabatta

1   Préparez la salade de tomates. Pelez
le demi-oignon, puis émincez-le. Hachez
les tomates et coupez les olives en deux.
Réunissez le tout dans un saladier avec le jus
de citron et l'huile, puis mélangez bien l'ensemble.

2   Coupez l'avocat en deux et dénoyautez-le.
Remplissez les moitiés d'avocat de houmous,
puis disposez-les sur deux assiettes. Couvrez
de salade de tomates, arrosez d'un filet d'huile,
puis servez avec des toasts de pain ciabatta.

• Par portion : 527 Calories – Protéines : 11 g –
Glucides : 39 g – Lipides : 38 g (dont 5 g de graisses
saturées) – Fibres : 8 g – Sel : 1,42 g – Sucres ajoutés : 7 g.

Le raifort est un condiment traditionnel de la cuisine des pays du Nord et de l'Est particulièrement riche en vitamine C.

Galettes de pomme de terre au saumon fumé

Pour 4 personnes
Préparation et cuisson : 20 min

- 1 grosse pomme de terre
- 1 cuill. à soupe de farine
- 1 cuill. à soupe de moutarde ou de sauce au raifort
- 1 noix de beurre
- 1 cuill. à soupe d'huile de tournesol
- 4 tranches de saumon fumé
- 4 cuill. à soupe de crème aigre (ou de crème fraîche additionnée de quelques gouttes de jus de citron)
- 1 poignée de ciboulette
- sel et poivre du moulin

1   Lavez la pomme de terre et râpez-la au-dessus d'un torchon. Attrapez le torchon par les bords, puis pressez son contenu au-dessus de l'évier pour en extraire le maximum d'eau. Mettez la pomme de terre râpée dans un saladier. Ajoutez la farine et la moutarde, assaisonnez généreusement, puis mélangez le tout.

2   Divisez la préparation en huit parts égales. Façonnez des boules, puis aplatissez-les avec la main. Mettez le beurre et l'huile à chauffer dans une grande poêle à feu moyen. Faites cuire les galettes 2 ou 3 minutes de chaque côté.

3   Déposez 2 galettes dans chaque assiette. Ajoutez 1 tranche de saumon fumé, 1 cuillerée à soupe de crème aigre et quelques brins de ciboulette. Poivrez, puis servez.

* Par portion : 153 Calories – Protéines : 9 g – Glucides : 18 g – Lipides : 6 g (dont 2 g de graisses saturées) – Fibres : 1 g – Sel : 1,61 g – Sucres ajoutés : 1 g.

Le tahini est une pâte orientale épaisse, douce et crémeuse,
préparée à partir de graines de sésame moulues.

Chips de pain pita
et houmous

Pour 4 personnes

Préparation et cuisson : 20 min

- 6 mini-pains pitas
- 2 cuill. à soupe d'huile d'olive
- 1 pincée de sel

POUR LE HOUMOUS
- 2 gousses d'ail
- 410 g de pois chiches en conserve
- le jus de 2 citrons
- 2 cuill. à soupe d'huile d'olive
- 1 pincée de sel
- 15 cl de tahini (au rayon «produits du monde» des grandes surfaces)
- 1 filet d'eau (facultatif)

1 Préchauffez le four à 200 °C (therm. 6-7). Divisez les pains pitas en deux dans l'épaisseur, puis coupez chaque moitié en deux. Disposez les morceaux de pain dans un grand plat à rôtir. Arrosez d'huile, saupoudrez de sel, puis enfournez pour 6 minutes.

2 Préparez le houmous. Pelez l'ail, puis écrasez-le. Égouttez les pois chiches et rincez-les. Réunissez le tout dans le bol d'un robot avec le jus de citron, l'huile, le sel et le tahini, puis mixez jusqu'à l'obtention d'une pâte lisse. Incorporez un filet d'eau à la préparation, si nécessaire, et servez avec les chips de pain pita, froides ou chaudes.

· Par portion : 307 Calories – Protéines : 10 g – Glucides : 40 g – Lipides : 14 g (dont 2 g de graisses saturées) – Fibres : 4 g – Sel : 1,24 g – Sucres ajoutés : 2 g.

Préparez une grande quantité de sauce : elle peut se conserver 3 jours au réfrigérateur. Elle accompagnera divers poissons fumés ou du thon en conserve.

Sauce au maquereau fumé

Pour 2 personnes
Préparation et cuisson : 10 min

- 250 g de filets de maquereau fumé sans la peau
- 1 botte d'oignons nouveaux
- 15 cl de crème aigre (ou de crème fraîche additionnée de quelques gouttes de jus de citron)
- 4 cuill. à café de sauce au raifort

POUR SERVIR

- crudités

1 Émiettez le maquereau. Préparez les oignons, puis hachez-les. Réunissez le tout dans un grand saladier avec la crème aigre et mélangez jusqu'à l'obtention d'une sauce épaisse.

2 Incorporez la sauce au raifort à la préparation, puis transvasez le tout dans un bol de service. Servez avec les crudités de votre choix.

• Par portion : 561 Calories – Protéines : 25 g – Glucides : 5 g – Lipides : 49 g (dont 17 g de graisses saturées) – Fibres : 1 g – Sel : 2,23 g – Sucres ajoutés : 5 g.

Les pignons de pin sont caractéristiques de la cuisine méditerranéenne.
Ils sont souvent grillés à sec, puis utilisés en pâtisserie,
dans des sauces ou dans des salades.

Champignons grillés au fromage de chèvre

Pour 4 personnes
Préparation et cuisson : 20 min

- 8 gros champignons de Paris bruns
- 2 gousses d'ail
- 150 g de fromage de chèvre
- 4 tranches de jambon cuit
- 2 cuill. à soupe d'huile d'olive
- 50 g de pignons de pin
- 1 petite poignée de persil
- sel et poivre du moulin

POUR SERVIR
- pain ciabatta grillé
- salade verte

1   Préchauffez le four à 200 °C (therm. 6-7). Essuyez les champignons à l'aide de papier absorbant et posez-les à l'envers sur une feuille de papier sulfurisé. Pelez l'ail, puis hachez-le. Émiettez le fromage de chèvre et coupez les tranches de jambon en deux. Parsemez les champignons d'ail et de fromage, puis agrémentez-les d'une demi-tranche de jambon.

2   Arrosez d'un filet d'huile. Couvrez d'une feuille d'aluminium, puis enfournez pour 5 minutes. Ôtez la feuille d'aluminium et prolongez la cuisson de 5 minutes.

3   Pendant ce temps, faites griller légèrement les pignons de pin à sec dans une poêle antiadhésive et ciselez le persil. Parsemez les champignons de pignons et de persil, puis servez avec du pain ciabatta grillé et de la salade verte.

• Par portion : 257 Calories – Protéines : 14 g – Glucides : 2 g – Lipides : 22 g (dont 6 g de graisses saturées) – Fibres : 2 g – Sel : 1,12 g – Sucres ajoutés : 2 g.

Les nachos sont un plat typiquement mexicain
à base de tortillas recouvertes de fromage fondu.
Il s'agit ici d'une variante plus légère et plus fraîche.

Nachos et salade de crevettes à la tomate

Pour 2 personnes
Préparation et cuisson : 5 min

- 200 g de tortillas (chips)
- 1 citron vert
- 1 petit bouquet de coriandre
- 15 cl de crème aigre (ou de crème fraîche additionnée de quelques gouttes de jus de citron)
- 2 ou 3 tomates cerises
- quelques piments jalapeño en bocal
- 200 g de crevettes cuites décortiquées
- sel et poivre du moulin

1 Étalez les tortillas dans un grand plat. Coupez le citron vert en quatre. Hachez grossièrement les trois quarts de la coriandre, puis mettez-la dans un petit saladier avec la crème aigre et le jus d'un quart du citron vert. Remuez, puis assaisonnez la sauce selon votre goût.

2 Versez la sauce sur les chips. Coupez les tomates en morceaux et détaillez les piments en rondelles. Répartissez les tomates, les piments et les crevettes sur les chips. Parsemez du reste de coriandre, puis servez aussitôt.

● Par portion : 722 Calories – Protéines : 33 g – Glucides : 66 g – Lipides : 38 g (dont 9 g de graisses saturées) – Fibres : 7 g – Sel : 4,32 g – Sucres ajoutés : 7 g.

Bon pour la santé, le saumon fumé permet de confectionner
rapidement des repas simples et raffinés.

Saumon fumé
et crudités

Pour 1 personne
Préparation : 10 min

- 1/2 carotte
- 2 radis
- 1 petit tronçon de concombre
- 1 petite poignée de feuilles
de coriandre
- 3 cuill. à soupe de fromage blanc
- le jus de 1/2 citron ou citron vert
- 2 tranches de saumon fumé
- 1 filet d'huile d'olive
- sel et poivre du moulin

POUR SERVIR

- pain
- beurre

1   Pelez la demi-carotte et préparez les radis.
Épépinez le morceau de concombre, puis râpez
le tout au-dessus d'un saladier. Réservez quelques
feuilles de coriandre et ciselez le reste. Incorporez
le fromage blanc, le jus de citron et la coriandre
ciselée aux crudités râpées. Assaisonnez selon
votre goût.

2   Déposez une tranche de saumon dans
une assiette. Couvrez-la de crudités, puis ajoutez
la seconde tranche de saumon et parsemez
du reste de la coriandre. Arrosez d'un filet d'huile,
poivrez, puis servez avec du pain beurré.

● Par portion : 231 Calories – Protéines : 16 g –
Glucides : 6 g – Lipides : 16 g (dont 8 g de graisses
saturées) – Fibres : 1 g – Sel : 2,88 g – Sucres ajoutés : 5 g.

Ces bruschettas sont une alternative savoureuse aux sandwichs.
Le jambon serrano est originaire d'Espagne
tandis que le prosciutto est italien.

Bruschettas au fromage et au jambon cru

Pour 4 personnes

Préparation et cuisson : 40 min

- 4 tranches épaisses de pain blanc
- 2 tomates
- 10 à 12 tranches de brie
  ou de camembert
- 4 tranches de jambon *serrano*
  ou *prosciutto*

POUR LA SAUCE
- 2 échalotes
- 2 cuill. à soupe d'huile d'olive
- 15 cl de crème fraîche épaisse
- 1 petit bouquet de ciboulette
- POUR SERVIR
- quelques feuilles de roquette

1   Préparez la sauce. Pelez les échalotes et hachez-les. Mettez 1 cuillerée à café d'huile à chauffer dans une casserole, puis faites revenir les échalotes à feu doux pendant 2 minutes. Ajoutez la crème fraîche et remuez. Laissez mijoter jusqu'à ce que la préparation ait réduit de moitié et forme une sauce épaisse. Ciselez la ciboulette, puis incorporez-la à la préparation.

2   Préchauffez le gril du four à température maximale. Huilez les tranches de pain et faites-les griller des deux côtés. Coupez les tomates en tranches, puis répartissez-les sur les toasts. Ajoutez le fromage, le jambon, puis nappez chaque bruschetta de 1 cuillerée à soupe de sauce. Enfournez sous le gril jusqu'à ce que le fromage commence à fondre. Parsemez de roquette et servez.

• Par portion : 506 Calories – Protéines : 19 g – Glucides : 28 g – Lipides : 36 g (dont 18 g de graisses saturées) – Fibres : 1 g – Sel : 1,8 g – Sucres ajoutés : 4 g.

Le terme tortilla désigne à la fois les galettes de maïs
fourrées d'ingrédients divers originaires d'Amérique latine
et les omelettes espagnoles aux pommes de terre.

Tortillas à la dinde et aux épices

Pour 4 personnes
Préparation et cuisson : 20 min

- 1 oignon
- 500 g de dinde hachée
- 1 cuill. à café de cumin en poudre
- 1 cuill. à café de coriandre en poudre
- 1 cuill. à soupe d'huile de tournesol
- 8 tortillas (galettes de maïs)
- 200 g de salade verte
- 150 g de yaourt à la grecque à 0 % de M. G.
- sel et poivre du moulin

1   Pelez l'oignon et hachez-le. Dans un saladier, réunissez la dinde, les épices et l'oignon, puis assaisonnez le tout. Mélangez à l'aide d'une fourchette. Façonnez 16 boulettes, puis aplatissez-les légèrement. Mettez l'huile à chauffer dans une poêle antiadhésive et faites frire les boulettes de 8 à 10 minutes.

2   Pendant ce temps, réchauffez les tortillas au micro-ondes réglé à la puissance maximale pendant 1 minute. Répartissez la salade sur les tortillas. Ajoutez des boulettes de dinde, du yaourt, puis roulez les tortillas. Servez 2 tortillas, puis par personne.

• Par portion : 370 Calories – Protéines : 39 g – Glucides : 37 g – Lipides : 9 g (dont 1 g de graisses saturées) – Fibres : 3 g – Sel : 1,15 g – Sucres ajoutés : 5 g.

Index

Crédits photographiques

L'éditeur remercie les personnes suivantes
pour l'avoir autorisé à reproduire leurs photographies.
En dépit de tous ses efforts pour lister les copyrights, l'éditeur
présente par avance ses excuses pour d'éventuels oublis
ou erreurs, et s'engage à en faire la correction dès la première
réimpression du présent ouvrage.

Chris Alack p. 41, p. 89 ; Clive Bozzard-Hill p. 105 ; Simon Brown
p. 101 ; Peter Cassidy p. 139, p. 149, p. 153, p. 181, p. 205 ;
Jean Cazals p. 25, p. 73, p. 83, p. 85 ; Ken Field p. 53, p. 55,
p. 93, p. 95, p. 97 ; Dean Grennan p. 159 ; Will Heap p. 11,
p. 67 ; Jonathan Krause p. 87, p. 133 ; William Lingwood p. 99 ;
Gareth Morgans p. 21, p. 31, p. 47, p. 121, p. 129, p. 141, p. 161,
p. 163, p. 185, p. 199, p. 201, p. 207 ; David Munns p. 15,
p. 29, p. 33, p. 59, p. 61, p. 69, p. 71, p. 135, p. 137, p. 157,
p. 165, p. 187 ; Noel Murphy p. 63 ; Sean Myers p. 19, p. 27 ;
Myles New p. 23, p. 37, p. 39, p. 45, p. 49, p. 57, p. 117,
p. 119, p. 123, p. 147, p. 183, p. 189, p. 191, p. 197, p. 203,
211 ; Elisabeth Parsons p. 17, p. 65, p. 77, p. 79, p. 107, p. 109,
p. 113, p. 115, p. 127, p. 151, p. 155, p. 175, p. 177, p. 179,
p. 193, p. 195 ; Craig Robertson p. 35 ; Roger Stowell p. 111 ;
Yuki Sugiura p. 125, p. 169 ; Adrian Taylor p. 171 ; Debi Treloar
p. 103 ; Ian Wallace p. 91 ; Simon Walton p. 75, p. 173 ;
Philip Webb p. 13, p. 43, p. 51, p. 143, p. 145, p. 209 ;
Kate Whitaker p. 81 ; Elizabeth Zeschin p. 167

Toutes les recettes de ce livre ont été créées par l'équipe
de BBC Good Food magazine.

Imprimé en Espagne par Cayfosa Impresia Iberica
Dépôt légal : septembre 2011 – 307523/01 – 11015587 juillet 2011